Di Pietrantonio | L'Arminuta

Fremdsprachentexte | Italienisch

Donatella Di Pietrantonio
L'Arminuta

Herausgegeben von Astrida Wallat

Reclam

RECLAMS UNIVERSAL-BIBLIOTHEK Nr. 19969
2020 Philipp Reclam jun. Verlag GmbH,
Siemensstraße 32, 71254 Ditzingen
info@reclam.de

Gestaltung: Cornelia Feyll, Friedrich Forssman
Druck und Bindung: Esser printSolutions GmbH,
Untere Sonnenstraße 5, 84030 Ergolding
Printed in Germany 2025
RECLAM, UNIVERSAL-BIBLIOTHEK und
RECLAMS UNIVERSAL-BIBLIOTHEK sind eingetragene Marken
der Philipp Reclam jun. GmbH & Co. KG, Stuttgart
ISBN 978-3-15-019969-5
reclam.de

A Piergiorgio, che c'è stato così poco

Ancora oggi, in certo modo, io sono rimasta ferma a quella fanciullesca estate: intorno a cui la mia anima ha continuato a girare e a battere senza tregua, come un insetto intorno a una lampada accecante.

Elsa Morante, *Menzogna e sortilegio.*

[Titel] **arminuto/a** (dial.): zurückgekehrt, zurückgegeben (ital.: *ritornato/a*). | 2 **fanciullesco/a:** kindlich. | 4 **la tregua:** Waffenstillstand; hier: Atempause. | 5 **accecante** (agg.): blendend, grell. | 6 **il sortilegio:** Zauberei, Wahrsagerei.

1.

A tredici anni non conoscevo più l'altra mia madre. Salivo a fatica le scale di casa sua con una valigia scomoda e una borsa piena di scarpe confuse. Sul pianerottolo mi ha accolto l'odore di fritto recente e un'attesa. La porta non voleva aprirsi, qualcuno dall'interno la scuoteva senza parole e armeggiava con la serratura. Ho guardato un ragno dimenarsi nel vuoto, appeso all'estremità del suo filo.

Dopo lo scatto metallico è comparsa una bambina con le trecce allentate, vecchie di qualche giorno. Era mia sorella, ma non l'avevo mai vista. Ha scostato l'anta per farmi entrare, tenendomi addosso gli occhi pungenti. Ci somigliavamo allora, più che da adulte.

2f. **a fatica:** mühsam. | 3 **scọmodo/a:** unbequem; hier: sperrig. | 4 **il pianerọttolo:** Treppenabsatz. | 5 **il fritto:** Gebratenes, Ausgebackenes. | **l'attesa:** Erwartung. | 6 **scuọtere** (*scosso*): rütteln. | 6f. **armeggiare:** herumhantieren. | 7 **dimenarsi:** sich hin- und herbewegen. | 8 **il vuoto:** Leere, Lücke. | **l'estremità** (f., invar.): äußerstes Ende. | 10 **la treccia:** Zopf. | **allentato/a:** aufgelöst, locker. | 11 **scostare:** wegrücken. | **l'anta:** Tür(-Flügel). | 12 **tenere adosso gli occhi a qu/qc:** den Blick auf jdn./etwas richten, jdn./etwas fixieren. | **pungente** (agg.): stechend.

2.

La donna che mi aveva concepita non si è alzata dalla sedia. Il bambino che teneva in braccio si mordeva il pollice da un lato della bocca, dove forse voleva spuntargli un dente. Tutti e due mi guardavano e lui ha interrotto il suo verso monotono. Non sapevo di avere un fratello così piccolo.

– Sei arrivata, – ha detto lei. – Posala, la roba.

Ho solo abbassato gli occhi sull'odore di scarpe che usciva dalla borsa se la muovevo appena. Dalla stanza in fondo, con la porta accostata, proveniva un russare teso e sonoro. Il bambino ha ripreso la lagna e si è rivolto verso il seno, colando saliva sui fiori sudati del cotone stinto.

– Tu non chiudi? – ha chiesto secca la madre alla ragazzina che era rimasta immobile.

– Non salgono quelli che l'hanno portata? – ha obiettato lei indicandomi con il mento a punta.

Lo zio, così dovevo imparare a chiamarlo, è entrato proprio allora, in affanno dopo le scale. Nella calura del pomeriggio estivo teneva con due dita la gruccia di un cappotto nuovo, della mia taglia.

2 **concepire:** empfangen, zeugen. | 3 **mọrdersi il pọllice:** auf dem Daumen kauen. | 4 **spuntare:** hervorbrechen, -sprießen. | 5 **il verso:** Gewimmer, Geschrei. | 10 **accostato/a:** angelehnt. | **provenire da qc:** aus etwas hervorkommen. | **teso/a:** angespannt. | **sonoro/a:** klangvoll, tönend. | 11 **la lagna:** Gequengel, Gejammer. | **rivọlgersi verso qu/qc:** sich zu jdm./etwas wenden. | 11 f. **colare:** fließen, tropfen. | 12 **la saliva:** Speichel. | **stinto/a:** ausgewaschen. | 15 **obiettare:** einwenden. | 16 **il mento a punta:** spitzes Kinn. | 18 **in affanno:** hier: atemlos. | **la calura:** Hitze. | 19 **la gruccia:** Kleiderbügel.

– Tua moglie non è venuta? – gli ha domandato la mia prima madre alzando il tono per coprire il lamento che aumentava tra le sue braccia.

– Non si muove dal letto, – ha risposto con uno scarto della testa. – Ieri sono uscito io a comprare qualcosa, anche per l'inverno, – e le ha mostrato la targhetta con la marca del mio cappotto.

Mi sono spostata verso la finestra aperta e ho deposto i bagagli a terra. In lontananza un frastuono numeroso, come sassi scaricati da un camion.

La padrona di casa ha deciso di offrire il caffè all'ospite, così l'odore avrebbe pure svegliato il marito, ha detto. È passata dalla sala da pranzo spoglia alla cucina, dopo aver messo il bimbo a piangere nel box. Lui ha cercato di tirarsi su aggrappandosi alla rete, in corrispondenza di un buco riparato grossolanamente con un intreccio di spago. Quando mi sono avvicinata, ha urlato di più, stizzito. La sorella di tutti i giorni l'ha tolto con uno sforzo da lì dentro e lo ha lasciato sulle mattonelle di graniglia. Si è mosso gattoni, verso le voci in cucina. Lo sguardo scuro di lei si è spostato dal fratello a me, restando basso. Ha arroventato la fibbia dora-

4 f. **lo scarto della testa:** hier: unwillige Bewegung des Kopfes (*scartare:* beiseitelegen). | 6 **la targhetta:** Schild; hier: Etikett. | 9 **il frastuono:** Krach, Getöse. | **numeroso/a:** zahlreich; hier: groß, laut. | 10 **il cạmion:** Lastwagen. | 13 **spoglio/a:** leer, kahl. | 14 **il box** (ingl., invar.): Laufstall. | 15 **aggrapparsi a qu/qc:** sich an jdn./etwas klammern. | **in corrispondenza di qc:** auf der Höhe von etwas. | 16 **grossolanamente** (avv.): grob. | **l'intreccio:** Geflecht. | **lo spago:** Schnur. | 17 **stizzito/a:** verärgert. | 19 **la mattonella:** Fliese. | **la graniglia:** grobkörniger Sandstein. | **muọversi gattoni:** krabbeln. | 21 **arroventare:** (hier fig.) zum Glühen bringen. | **la fibbia:** Schnalle. | 21 f. **dorato/a:** vergoldet, goldfarben.

ta delle scarpe nuove, è salito lungo le pieghe blu dell'abito, ancora rigide di fabbrica. Alle sue spalle un moscone volava a mezz'aria sbattendo di tanto in tanto contro il muro, in cerca di un vuoto per uscire.

– Pure 'sto vestito te l'ha pigliato quello là? – ha chiesto piano.

– Me l'ha preso ieri proprio per tornare qui.

– Ma chi ti è? – si è incuriosita.

– Uno zio alla lontana. Sono stata con lui e sua moglie fino a oggi.

– Allora la mamma tua qual è? – ha domandato scoraggiata.

– Ne ho due. Una è tua madre.

– Qualche volta ne parlava, di una sorella più grande, ma io non ci credo tanto a essa.

Di colpo mi ha stretto la manica del vestito tra le dita avide.

– Questo tra poco non ti entra più. L'anno che viene lo puoi passare a me, stai attenta che non me lo rovini.

Il padre è uscito scalzo dalla camera da letto, sbadigliando. Si è presentato a torso nudo. Mi ha vista, mentre seguiva l'aroma del caffè.

– Sei arrivata, – ha detto, come sua moglie.

2 **il moscone:** Schmeißfliege. | 5 **'sto** (dial., fam.): *questo.* | **pigliare** (fam.): nehmen, holen; hier: etwas kaufen. | 8 **incuriosirsi (di qc):** neugierig (auf etwas) sein. | 9 **lo zio alla lontana / la zia alla lontana:** entfernte(r) Onkel/Tante. | 11 f. **scoraggiato/a:** entmutigt. | 15 **essa:** *lei.* | 16 **di colpo:** plötzlich, schlagartig. | 17 **ạvido/a:** gierig. | 18 **non entrarci più:** nicht mehr hineinpassen. | 20 **scalzo/a:** barfuß. | 20 f. **sbadigliare:** gähnen (*lo sbadiglio:* Gähnen). | 21 **presentarsi:** erscheinen. | **il torso:** Oberkörper.

3.

Dalla cucina le parole giungevano rade e smorte, i cucchiaini non tintinnavano più. Quando ho sentito i rumori delle sedie spostate, ho avuto paura, in gola. Lo zio si è avvicinato a salutarmi, con un tocco frettoloso sulla guancia.

– Mi raccomando, – ha detto.

– Ho dimenticato un libro in macchina, scendo a prenderlo, – e l'ho seguito per le scale.

Con il pretesto di cercare nel cruscotto, sono entrata nell'abitacolo. Ho chiuso la portiera e premuto la sicura.

– Ma che fai? – ha chiesto, già al posto di guida.

– Torno con te, non vi darò nessun fastidio. Anzi, la mamma è malata e ha bisogno del mio aiuto. Io qui non ci resto, non li conosco quelli là sopra.

– Non ricominciamo, cerca di essere ragionevole. I veri genitori ti aspettano e ti vorranno bene. Sarà divertente vivere in una casa piena di ragazzi –. Mi alitava in faccia il caffè che aveva bevuto da poco, misto all'odore delle sue gengive.

– Io voglio vivere a casa mia, con voi. Se ho sbagliato qualcosa dimmelo, e non lo farò più. Non lasciarmi qui.

2 **rado/a:** rar; hier: vereinzelt. | **smorto/a:** kraftlos. | 3 **tintinnare:** klirren. | 5 **il tocco:** Berührung. | **frettoloso/a:** hastig, flüchtig. | 10 **il pretesto:** Vorwand. | **il cruscotto:** Armaturenbrett; hier: Handschuhfach. | 11 **l'abitạcolo:** Innenraum, Fahrgastraum. | **la portiera:** Autotür. | **la sicura:** Sicherung; hier: Verriegelung. | 12 **il posto di guida:** Fahrersitz. | 18 **alitare:** atmen, hauchen. | 20 **la gengiva:** Zahnfleisch.

– Mi dispiace, ma non ti possiamo più tenere, te l'abbiamo già spiegato. Adesso per favore smettila con i capricci ed esci, – ha concluso fissando il niente davanti a sé. Sotto la barba di alcuni giorni i muscoli della mascella gli pulsavano come certe volte che stava per arrabbiarsi.

Ho disubbidito, continuando a resistere. Allora ha sferrato un pugno al volante ed è sceso per tirarmi fuori dallo spazio stretto davanti al sedile, dove mi ero accucciata a tremare. Ha aperto con la chiave e mi ha presa per un braccio, la spalla del vestito che mi aveva comprato lui si è scucita di qualche centimetro. Nella sua morsa non riconoscevo più la mano del padre di poche parole con cui avevo abitato fino a quella mattina.

Sull'asfalto del piazzale sono rimasti i segni delle ruote, e io. Odore di gomma bruciata nell'aria. Quando ho alzato la testa, dalle finestre del secondo piano guardava qualcuno della mia famiglia per forza.

È tornato mezz'ora dopo, ho sentito bussare e poi la sua voce sul pianerottolo. L'ho perdonato all'istante e ho ripreso i bagagli con uno slancio di gioia, ma sono arrivata alla porta che i passi risuonavano già in fondo alle scale. Mia

2 **il capriccio:** Laune, Zickerei. | 4 **la mascella:** Kiefer. | **pulsare:** zucken. | 6 **disubbidire (a qu):** (jdm. gegenüber) ungehorsam sein. | 6f. **sferrare un pugno a qu/qc:** jdm./etwas einen Faustschlag versetzen. | 8 **accucciarsi:** sich klein machen; hier: sich verkriechen. | 10 **scucirsi:** sich auftrennen. | 11 **la morsa:** (Klammer-)Griff. | 12 **di poche parole:** schweigsam, wortkarg. | 14 **il piazzale:** zentraler Platz in kleineren Städten. | 17 **la famiglia per forza:** Zwangsfamilie. | 19 **all'istante:** augenblicklich. | 20 **lo slancio:** Schwung, Beschwingtheit. | 21 **risuonare:** nach-, verklingen.

sorella teneva in mano un barattolo di gelato alla vaniglia, il gusto che preferivo. Era venuto per quello, non per portarmi via. L'hanno mangiato gli altri, in quel pomeriggio di agosto del 1975.

1 **il barạttolo:** Dose; hier: Becher.

4.

Verso sera sono rientrati i ragazzi più grandi, uno mi ha salutata con un fischio, un altro non si è nemmeno accorto di me. Si sono precipitati in cucina sgomitando per accaparrarsi i posti a tavola, dove la madre ha servito la cena. Si sono riempiti i piatti tra schizzi di sugo, al mio spigolo è arrivata solo una polpetta spugnosa sopra un po' di condimento. All'interno era chiara, di mollica vecchia bagnata e rari grumi di carne. Abbiamo mangiato polpette di pane con altro pane intinto nella salsa, per occupare lo stomaco. Dopo qualche giorno avrei saputo competere per il cibo e restare concentrata sul piatto a difenderlo dalle incursioni aeree delle forchette. Ma quella volta ho perso il poco che la mano della madre aveva aggiunto alla mia scarsa razione.

I miei primi genitori si sono ricordati soltanto dopo cena che in casa mancava un letto per me.

– Stanotte t'addormi con tua sorella, tanto siete secche, – ha detto il padre. – Domani vediamo.

– Per starci tutt'e due, dobbiamo stenderci all'incon-

4 **precipitarsi (in un luogo):** (irgendwohin) stürmen. | **sgomitare:** sich mit den Ellbogen einen Weg bahnen, durchboxen. | 4 f. **accaparrarsi qc:** sich etwas ergattern. | 6 **lo schizzo:** Spritzer. | **lo spịgolo:** (Tisch-)Kante. | 7 **la polpetta:** Fleischkloß, Frikadelle. | **spugnoso/a:** schwammig. | 8 **la mollica:** Brotkrume, das Brotinnere. | 9 **il grumo:** Klumpen; hier: Krümel. | 10 **intinto/a** (*intịngere*): eingetunkt. | 12 f. **l'incursione aẹrea:** (hier fig.) Luftangriff. | 18 **secco/a:** dürr, dünn. | 20 f. **all'incontrario:** verkehrt herum.

trario, – mi ha spiegato Adriana, – la coccia di una vicino ai piedi dell'altra. Mo ce li laviamo, però, – mi ha rassicurata.

Li abbiamo messi a bagno nella stessa bacinella, lei ha insistito a lungo nel rimuovere lo sporco tra le dita.

– Guarda che acqua nera, – ha riso, – sono stati i miei, i tuoi già stavano puliti.

Ha rimediato un cuscino per me e siamo entrate in camera senza accendere la luce, gli altri ragazzi respiravano come chi dorme e il sudore di adolescenti era forte. Ci siamo sistemate all'inverso, bisbigliando. Il materasso imbottito di lana di pecora era molle e deformato dall'uso, affondavo verso il centro. Emanava l'ammoniaca delle pipì che lo avevano impregnato, un odore nuovo e repellente per me. Le zanzare cercavano il sangue e avrei voluto coprirmi di più con il lenzuolo, ma nel sonno Adriana lo tirava in senso opposto.

Un sussulto improvviso del suo corpo, forse stava sognando di cadere. Le ho spostato piano un piede e mi sono appoggiata con la guancia alla pianta fresca di sapone scadente. Ho combaciato quasi tutta la notte con la pelle ruvi-

1 **la coccia** (dial.): Schädel, Kopf. | 2 **mo** (dial., reg.): nun, jetzt. | 4 **la bacinella:** Becken, Schüssel. | 5 **lo sporco:** Dreck. | 8 **rimediare:** beschaffen. | 11 **sistemarsi:** sich einrichten; hier: sich zurechtlegen. | **all'inverso:** verkehrt herum. | **bisbigliare:** flüstern. | 11 f. **imbottito/a:** gepolstert. | 12 **molle** (agg.): weich. | **deformato/a:** verformt. | 12 f. **affondare:** einsinken. | 13 **emanare:** ausströmen. | **la pipì** (fam., invar.): Pipi, Pisse. | 14 **impregnare:** durchtränken. | **repellente** (agg.): abstoßend. | 18 **il sussulto:** Zucken. | 19 f. **appoggiarsi a qu/qc:** sich an jdn./etwas anlehnen. | 20 **la pianta (del piede):** (Fuß-)Sohle. | 20 f. **scadente** (agg.): minderwertig, billig. | 21 **combaciare con qc:** mit etwas zusammenpassen; hier: sich an etwas schmiegen. | 21 f. **ruvido/a:** rau.

da assecondando i movimenti delle gambe. Sentivo con le dita i margini irregolari delle sue unghie spezzate. C'erano delle forbicine nei miei bagagli, la mattina dopo potevo dargliele.

L'ultimo quarto di luna si è affacciato alla finestra aperta e l'ha attraversata. Sono rimaste le stelle a strascico e la minima fortuna di avere il cielo sgombro di case, da quella parte.

Domani vediamo, aveva detto il padre, ma poi si è dimenticato. Io e Adriana non gli abbiamo chiesto niente. Ogni sera mi prestava una pianta del piede da tenere sulla guancia. Non avevo altro, in quel buio popolato di fiati.

1 **assecondare qu/qc:** jdm./etwas nachkommen; hier: sich jdm./etwas anpassen. | 2 **il mạrgine:** Rand. | **spezzato/a:** eingerissen, zersplittert. | 3 **le forbicine** (dim.): *le fọrbici.* | 5 **affacciarsi:** sich zeigen. | 6 **a strạscico:** nachfolgend (*lo strạscico:* Spur, [fig.] Folge). | 7 **sgombro/a:** leer, frei. | 11 **prestare qc a qu:** jdm. etwas leihen. | 12 **popolato/a:** bevölkert.

5.

Un calore bagnato si è diffuso sotto le mie costole e il fianco, mi sono alzata di scatto. Ho tastato tra le gambe, era asciutto. Adriana si è mossa nel buio restando distesa. Ridotta in un angolo, ha ripreso o continuato il sonno, come se fosse abituata. Dopo un po' mi sono rimessa a letto anch'io, più piccola che potevo. Eravamo due corpi intorno all'umido.

Piano piano l'odore è evaporato, solo qualche zaffata ogni tanto. Quasi all'alba uno dei maschi, non ho riconosciuto quale, si è agitato a ritmo crescente per alcuni minuti, mugolando.

La mattina Adriana si è svegliata ed è rimasta ferma, con la testa sul cuscino e gli occhi aperti. Poi mi ha guardato un momento, senza dire niente. La madre è venuta a chiamarla con il bimbo in braccio e ha annusato l'aria.

– Ti sei scompisciata un'altra volta, brava. Ci facciamo subito riconoscere.

– Non sono stata io, – ha risposto Adriana voltandosi verso il muro.

– Sì, magari è stata tua sorella, con l'educazione che tiene. Spicciati, già è tardi, – e si sono spostate in cucina.

2 **diffọndersi:** sich ausbreiten. | **la cọstola:** Rippe. | 3 **di scatto:** ruckartig. | **tastare:** tasten. | 4 **disteso/a** (*distęndere*): ausgestreckt. | **ridotto/a** (*ridurre*): zugerichtet, verringert; hier: hingekauert. | 7 **l'ụmido:** Nässe. | 8 **evaporare:** verdampfen, verdunsten. | **la zaffata:** übelriechende Dunstwolke. | 11 **mugolare:** stöhnen, winseln. | 15 **annusare qu/qc:** jdn./etwas beschnuppern. | 16 **scọmpisciarsi** (fam.): sich in die Hosen machen. | 21 **spicciarsi** (dial., reg.): sich beeilen, hinmachen.

Non sono stata pronta a seguirle e poi non sapevo più muovermi. Sono rimasta lì in piedi, mi mancava anche il coraggio di andare al bagno. Un fratello si è messo a sedere sul letto, a gambe larghe. Ha soppesato con una mano le mutande rigonfie, tra uno sbadiglio e l'altro. Quando mi ha notata nella camera, ha preso a osservarmi corrugando un po' la fronte. Si è fermato sul seno coperto solo dalla canottiera che avevo al posto del pigiama, con quel caldo. D'istinto ho incrociato le braccia sopra l'ingombro cresciuto da poco, mentre il sudore affiorava alle ascelle.

– Ti sei addormita ecco tu? – ha chiesto con la voce da uomo acerbo.

Ho risposto di sì imbarazzata, continuava a esaminarmi senza vergogna.

– Li tieni quindici anni?

– No, ne devo ancora compiere quattordici.

– Però ne mostri quindici, pure di più. Ti sei sviluppata lesta, – ha concluso.

– Tu quanti ne hai? – ho domandato per cortesia.

– Io quasi diciotto, sono il più grosso. Vado già a faticare, ma oggi non m'attocca.

– Perché?

4 **a gambe larghe:** breitbeinig. | **soppesare qc:** etwas (mit der Hand) wiegen. | 5 **rigonfio/a:** angeschwollen, aufgebläht. | 6 f. **corrugare la fronte:** die Stirn runzeln. | 7 f. **la canottiera:** Unterhemd. | 9 **incrociare le braccia:** die Arme verschränken. | **l'ingombro:** Platzbedarf; hier: Erhebung (der wachsenden Brust). | 10 **affiorare:** zutagekommen, austreten. | **l'ascella:** Achselhöhle. | 11 **addormirsi** (dial.): einschlafen. | 12 **acerbo/a:** herb, unreif. | 18 **lesto/a:** schnell. | 20 **grosso/a:** dick; groß; hier: der Älteste. | **faticare:** (hart) arbeiten, schuften. | 21 **non m'attocca** (dial.): *non mi tocca:* ich bin nicht dran.

– Non gli serve oggi al padrone. Mi chiama quando gli fa bisogno.

– Ma che fai?

– Il manovale.

– E la scuola?

– Eh scì, la scuola! Mi sono ritirato alla seconda media, tanto mi bocciavano.

Ho visto i muscoli modellati dal mestiere, le spalle forti. Una schiuma castana gli si arrampicava sul torace cotto dal sole e, più su, in faccia. Doveva essere cresciuto presto anche lui. Quando si è stirato ho sentito l'odore adulto, non era sgradevole. Una cicatrice a lisca di pesce gli decorava la tempia sinistra, forse una vecchia ferita suturata male.

Non parlavamo più, di nuovo mi guardava il corpo. Di tanto in tanto aggiustava il sesso con la mano, in una posizione meno fastidiosa. Volevo vestirmi, ma il giorno prima non avevo disfatto la valigia ed era rimasta di là, avrei dovuto muovere alcuni passi di schiena ai suoi occhi per andare a prenderla. Ho aspettato che accadesse qualcosa. Lui scendeva lento dai miei fianchi coperti di cotone bianco alle gambe nude, ai piedi contratti. Non mi sarei girata.

È venuta la madre, gli ha detto di sbrigarsi, un vicino cer-

4 **il/la manovale:** Handlanger(in), Hilfsarbeiter(in). | 6 **scì** (dial.): *sì.* | **ritirarsi da qc:** von etwas abgehen. | **la seconda media:** zweite Klasse der Mittelschule. | 8 **modellato/a:** geformt. | 9 **la schiuma:** Schaum; hier: sich kräuselnde Haare. | **arrampicarsi su qc:** sich an etwas emporranken. | 11 **stirarsi:** sich dehnen. | 12 **la cicatrice:** Narbe. | **la lisca:** (Fisch-)Gräte. | 13 **suturare:** (zu)nähen. | 16 **aggiustare:** richten, justieren. | 18 **disfare la valigia:** den Koffer auspacken. | 22 **contratto/a** (*contrarre*): verkrampft.

cava aiuto per certi lavori in campagna. In cambio avrebbe dato cassette di pomodori maturi, quelli per la conserva.

– Tu vai con tua sorella a pigliare il latte, se volete la colazione, – ha poi ordinato a me sforzandosi di addolcire il tono, ma alla fine della frase era tornato il solito.

Nell'altra stanza il bambino era arrivato gattoni alla borsa delle mie scarpe e le aveva sparpagliate intorno a sé. Ne mordicchiava una, con la bocca atteggiata all'amaro. Adriana già puliva i fagiolini per il pranzo, in ginocchio su una sedia contro il tavolo della cucina.

– Guarda tutto il buono che lasci negli scarti, – le è giunto puntuale il rimprovero.

Non ci ha badato.

– Làvati, così andiamo a comprarci il latte, tengo fame, – mi ha detto.

Sono stata l'ultima a usare il bagno. I maschi avevano schizzato l'acqua sul pavimento e ci avevano camminato sopra, si sovrapponevano impronte di suole e piedi nudi. A casa mia non avevo mai visto le piastrelle ridotte così. Sono scivolata senza farmi male, da ballerina. In autunno di sicuro non avrei ripreso la scuola di danza, né il nuoto.

2 **la cassetta:** Kiste. | 4 **addolcire:** besänftigen. | 6 **gattoni** (avv., invar.): krabbelnd, auf allen Vieren. | 7 **sparpagliare:** ausbreiten, verteilen. | 8 **mordicchiare qc:** etwas anknabbern. | **atteggiare qc:** einer Sache Ausdruck verleihen. | 11 **gli scarti:** Müll, Abfall. | **giụngere a qu/qc:** jdn./etwas erreichen. | 13 **badare a qc:** auf etwas achten. | 17 **schizzare:** (ver)spritzen. | 18 **sovrapporsi:** sich überlagern. | **la suola:** Sohle. | 19 **la piastrella:** Fliese, Kachel.

6.

Ricordo una di quelle mattine all'inizio, dalle finestre una luce scialba annunciava il temporale che si sarebbe scaricato più tardi, come gli altri giorni. Una strana quiete intorno, Adriana era scesa con il piccolo dalla vedova al piano terra e i maschi tutti via. Ero sola in casa con la madre.

– Pela il pollastro, – mi ha ordinato allungandomi l'animale morto che teneva per le zampe, con la testa penzoloni. Qualcuno doveva essere salito a portarglielo, avevo sentito delle chiacchiere sul pianerottolo, alla fine i suoi ringraziamenti. – Poi lo scorporisci.

– Cosa? Non capisco.

– Che te lo mangi così? Gli devi leva' le piume, no? Dopo lo tagli e gli cacci le budella, – ha spiegato scuotendo leggermente il braccio teso verso di me.

Ho mosso un passo indietro e distolto gli occhi.

– Non ci riesco, mi fa impressione. Posso occuparmi delle pulizie.

3 **scialbo/a:** fahl. | 4 **la quiete:** Ruhe. | 8 **pelare:** schälen, rupfen. | **il pollastro:** Hühnchen. | **allungare qc a qu:** jdm. etwas entgegenstrecken. | 9 **penzoloni** (avv.): baumelnd. | 12 **lo scorporisci** (dial.): du nimmst es aus (*scorporare qc:* etwas abziehen/ausnehmen.) | 14 ff. **leva', senti', aspetta', signori'** (u. a.): *levare, sentire, aspettare, signorina.* Im Dialekt bzw. allgemein im mündlichen Sprachgebrauch werden im Italienischen oft die Endungen von Wörtern verschluckt. | 15 **cacciare:** hier: rausnehmen, entfernen. | **le budella** (sing. *il budello*): Gedärm. | 17 **distọgliere** (*distolgo, distolto*) **gli occhi:** die Augen abwenden. | 18 **fare impressione:** Abscheu erregen.

Mi ha guardata senza dire più niente. Ha sbattuto la carcassa sul ripiano del lavandino, con un tonfo ovattato, e ha cominciato furiosa a strappare le penne.

– Questa i pollastri li ha visti solo cotti, – l'ho sentita che borbottava tra i denti.

Mi sono impegnata a pulire, quello non era difficile. Altre faccende domestiche non sapevo sbrigarle, non ero abituata. Ho insistito a lungo con la spugna sulla macchia di calcare che si allungava sul fondo della vasca, poi ho aperto il rubinetto per riempirla. Di acqua fredda, quella calda non arrivava e non volevo chiedere. Dalla cucina veniva di tanto in tanto il rumore degli ossi trinciati, mentre continuavo a sudare intorno ai sanitari sporchi. Alla fine ho chiuso la porta dall'interno con il gancetto di ferro, e mi sono immersa. Quando ho allungato la mano verso la saponetta sul bordo, ho sentito che stavo per morire. Il sangue abbandonava la testa, le braccia, il petto e li lasciava gelidi. Ma restavano attimi per un paio di necessità: aprire lo scarico e chiedere aiuto. Non sapevo come attirare a me l'attenzione della donna di là, non riuscivo a chiamarla mamma. Al posto della sequenza di M e A ho vomitato grumi di latte acido nell'acqua che scendeva. Non ricordavo più nemmeno il suo nome, se anche

1 **sbạttere qc:** etwas hinknallen. | 1f. **la carcassa:** Karkasse, Tiergerippe. | 2 **il ripiano:** Brett. | **il lavandino:** Spül-/Waschbecken. | **il tonfo:** dumpfer Schlag. | **ovattato/a:** gedämpft. | 5 **borbottare:** brummen, murren. | 6 **impegnarsi a fare qc:** bestrebt sein, etwas zu tun. | 9 **il calcare:** Kalk. | **allungarsi:** sich ausstrecken. | 12 **trinciare:** zerschneiden, tranchieren. | 14 **il gancetto** (dim.): *il gancio:* Haken, Riegel. | 15 **immẹrgersi:** ins Wasser tauchen. | 19 **lo scạrico:** Abfluss. | 21 **la sequenza:** Abfolge, Aneinanderreihung.

avessi voluto invocarlo. Allora ho urlato e poi sono svenuta.

Non so dopo quanto tempo mi ha svegliata l'odore secco della pipì di Adriana. Ero sdraiata nuda sul letto, con un asciugamano addosso. Per terra lì accanto un bicchiere vuoto, doveva aver contenuto zucchero diluito, la cura che la madre usava per ogni malanno. Più tardi si è affacciata alla porta della camera.

– Se ti cominci a senti' male non puoi dirlo subito, al posto di aspetta' il peggio? – ha domandato masticando qualcosa.

– Scusa, pensavo che passasse, – ho risposto senza guardarla.

Non l'ho mai chiamata, per anni. Da quando le sono stata restituita, la parola mamma si è annidata nella mia gola come un rospo che non è più saltato fuori. Se dovevo rivolgermi a lei con urgenza, cercavo di catturarne l'attenzione in modi diversi. A volte, se tenevo il bambino in braccio, gli pizzicavo le gambe per farlo piangere. Allora lei si girava nella nostra direzione e le parlavo.

Ho dimenticato a lungo quelle piccole torture inflitte a mio fratello e solo adesso, che ha più di vent'anni, le ho ricordate per caso. Sedevo su una panchina accanto a lui, nel posto dove ora vive, e ho notato sulla sua pelle un livido uguale a quelli che gli lasciavo allora. Lo aveva punto lo spigolo di un mobile, stavolta.

1 **invocare:** anrufen; hier: aussprechen. | 6 **diluito/a:** verdünnt. | 7 **il malanno:** Übel, Unheil. | 14 **annidarsi:** sich einnisten/festsetzen. | 16 **catturare l'attenzione di qu:** jds. Aufmerksamkeit einfangen. | 18 **pizzicare:** kneifen. | 20 **inflịggere** (*inflitto*) **qc a qu:** jdm. etwas zufügen. | 22 **per caso:** zufälligerweise. | 23 **il lịvido:** blauer Fleck. | 25 **stavolta:** diesmal.

A cena erano tutti eccitati per la novità del pollo, Adriana si è chiesta se fosse Natale d'estate. Io ero combattuta tra la fame e il disgusto di averlo visto sventrato, con le budella penzolanti nel lavandino, tra le tazze sporche della colazione.

– Una coscia a papà e una a essa che oggi è svenuta, – ha deciso la madre. Ma gli altri pezzi erano molto più piccoli e ossuti, dopo che il petto era stato messo da parte per il giorno successivo. Quello che chiamavano Sergio si è subito ribellato.

– Se sta male si mangia il brodino, no la coscia, – è insorto. – Attocca a me, oggi ho aiutato quella del piano di sopra a traslocare e ti sei pure pigliata i soldi che mi so' guadagnato.

– E poi per colpa sua hai scassato la porta del cesso, – è intervenuto un altro scuotendo l'indice nella mia direzione. – Questa ecco fa solo danni, non potete ridarla a chi la teneva prima?

Con una manata sulla testa il padre lo ha spinto a sedere e lo ha zittito.

– Non ho più fame, – ho detto verso Adriana e sono scappata in camera. Lei mi ha raggiunta dopo un po', con una fetta di pane e olio. Si era ripulita e cambiata, indossava una gonna troppo piccola.

1 **eccitato/a:** aufgeregt. | **la novità:** Neuigkeit. | 2 **combattuto/a:** unschlüssig. | 3 **il disgusto:** Ekel. | **sventrato/a:** ausgeweidet. | 3 f. **penzolante** (agg.): baumelnd. | 5 **la coscia:** Schenkel. | 7 **ossuto/a:** knochig. | 8 f. **ribellarsi:** sich auflehnen, protestieren. | 10 **il brodino** (dim.): *il brodo.* | 10 f. **insorgere** (*insorto*): aufbegehren. | 14 **scassare qc** (fam.): etwas kaputtmachen. | 14 f. **intervenire:** eingreifen, einschreiten. | 18 **la manata:** Schlag (mit der Hand). | 19 **zittire:** zum Schweigen bringen. | 20 f. **scappare:** fortlaufen, entwischen. | 22 **ripulirsi:** sich frisch machen.

– Svelta, appena finisci ti vesti e corriamo alla festa, – e mi ha messo il piatto sotto il naso.

– Di chi?

– Del santo patrono, no? Non hai sentito la banda? E i cantanti stanno a cominciare proprio mo, alla piazza. Ma noi non arriviamo là, Vincenzo ci porta alle giostre, – ha sussurrato.

Dopo nemmeno mezz'ora la lisca di pesce sulla tempia di Vincenzo brillava alle luci dello slargo dove si erano accampati gli zingari. Era stato l'unico dei maschi a non attaccarmi nella disputa per la coscia del pollo e non aveva detto ai fratelli di unirsi a noi, c'eravamo solo io e Adriana con lui. Ha contato gli spiccioli racimolati chissà come e si è trattenuto un po' con il bigliettaio, si vedeva che erano in confidenza, forse dalle feste degli anni precedenti. Hanno fumato insieme, sembravano coetanei e avevano la stessa pelle scura. Lo zingaro ha preso i soldi per i primi giri, poi ci ha lasciati andare gratis.

Non ero mai salita su una giostra, mia madre diceva che era troppo pericoloso, il bambino di una sua amica si era schiacciato il pollice sull'autoscontro. Adriana, già esperta, mi ha aiutata a montare sul seggiolino e ha chiuso la barra di sicurezza.

4 **il santo patrono:** hier: der Lokalheilige. | **la banda:** (Musik-)Kapelle. | 6 **la giostra:** (Ketten-)Karussell, Fahrgeschäft. | 7 **sussurrare:** raunen, zuflüstern. | 9 **lo slargo:** Platz. | 9 f. **accamparsi:** das Lager aufschlagen. | 10 **lo zịngaro / la zịngara:** Zigeuner(in). | 11 **la dịsputa:** Diskussion. | 12 **unirsi a qu/qc:** sich jdm./etwas anschließen. | 13 **gli spịccioli:** Kleingeld. | **racimolare** (fig.): zusammenkratzen. | 14 **il bigliettaio / la bigliettaia:** Kartenverkäufer(in). | 14 f. **ẹssere in confidenza:** vertraut miteinander sein. | 21 **schiacciarsi qc:** sich etwas quetschen. | **l'autoscontro:** Autoscooter. | 22 f. **la barra di sicurezza:** Sicherheitsbügel.

– Mantieniti forte alle catene, – ha raccomandato prima di sedersi davanti a me.

Ho volato tra lei e Vincenzo, mi hanno messa in mezzo per coprirmi dalla paura. Alla quota più alta si toccava una specie di felicità, quello che mi era accaduto negli ultimi giorni era rimasto a terra, come una nebbia pesante. Ci passavo sopra e potevo persino dimenticarlo, per un po'. Dopo qualche giro di prova è arrivata improvvisa dietro la schiena la spinta del piede e la voce: – Acchiappa 'ssa coda! – ma lo slancio del mio braccio è stato debole, non mi fidavo a lasciare la catena.

– Allunga la mano, signori', che non ti succede niente, – mi ha incitata lui, poi ha colpito con più forza. Al terzo tentativo mi sono protesa tutta nel vuoto e ho sentito qualcosa di peloso sbattere sul palmo aperto, l'ho stretto più che potevo. Avevo conquistato la coda di volpe e l'esultanza di Vincenzo.

I seggiolini hanno rallentato la corsa circolare sferragliando e piano piano si sono fermati. Sono scesa, ho mosso due passi involontari e malfermi, per inerzia. Sulle braccia i brividi non erano di freddo, dopo i temporali quotidiani

1 **mantenersi:** sich halten. | 4 **la quota:** hier: Punkt. | 9 **acchiappare qu/qc:** jdn./etwas erhaschen. | **'ssa** (dial.): *questa.* | **la coda (di volpe):** Fuchsschwanz (bzw. heute meist eine Schlange aus Stoff), der an einer Eisenstange über dem Kettenkarussell angebracht wird und den die Mitfahrenden am höchsten Punkt, angeschubst vom Hintermann, zu ergreifen versuchen müssen. Wem es gelingt, den Gegenstand herunterzuholen, erhält einen Freifahrtschein. | 13 **incitare qu:** jdn. anspornen. | 14 **protẹndersi** (*proteso*): sich hinauslehnen. | 15 **peloso/a:** haarig. | **il palmo:** Handfläche. | 16 **l'esultanza:** Jubel. | 18 f. **sferragliare:** scheppern. | 20 **involontario/a:** unfreiwillig. | **malfermo/a:** wackelig. | **l'inerzia:** Trägheit. | 21 **il brịvido:** Schauer.

tornava subito l'afa. Lui si è avvicinato e mi ha guardata in silenzio negli occhi, luccicando con i suoi. Ero stata coraggiosa. Ho sistemato il vestito che era rimasto scomposto dal vento. Si è acceso una sigaretta e mi ha soffiato sulla faccia la prima boccata di fumo.

2 **luccicare:** funkeln, blinken. | 3 **scomposto/a** (*scomporre*): unordentlich, zerzaust. | 5 **la boccata:** Zug (an der Zigarette).

7.

Quando siamo arrivati quasi sotto casa, Vincenzo ci ha dato la sua chiave. Aveva dimenticato qualcosa alle giostre, potevamo lasciargli la porta socchiusa. Ma tardava a rientrare mentre non dormivo, ancora eccitata del volo. Oltre il muro un cigolio ritmico nella camera dei genitori, poi più nulla. Sono passate le ore e avevo le gambe smaniose, ho urtato il viso di Adriana con un piede. Più tardi mi ha raggiunto la solita umidità, mi sono alzata e ho occupato il letto di Vincenzo, sempre vuoto. Spostandomi trovavo gli odori diversi delle zone del suo corpo, le ascelle, la bocca, l'odore genitale. L'ho immaginato davanti alla roulotte del suo amico zingaro, a chiacchierare oltre il fumo delle sigarette. Così mi è venuto sonno, verso l'alba.

Si è ripresentato a pranzo, con dei pantaloni da lavoro chiazzati di macchie solide di cemento. Nessuno sembrava aver notato la sua assenza notturna. I genitori si sono scambiati solo uno sguardo mentre lui si avvicinava al tavolo.

Il padre ha colpito a freddo, senza una parola. Vincenzo ha perso l'equilibrio, cadendo una mano gli è finita dentro il piatto di pasta condita con i pomodori che si era guadagnato in campagna nei giorni precedenti. A terra si è

4 **socchiuso/a:** angelehnt. | 6 **il cigolịo:** Knarren, Quietschen. | 7 **smanioso/a:** tobend; hier: unruhig. | 8 **urtare qu/qc:** jdn./etwas stoßen. | 12 **la roulotte** (fr., invar.): Wohnwagen. | 15 **ripresentarsi a qu/qc:** sich wieder bei jdm./etwas blicken lassen. | 16 **chiazzato/a:** befleckt. | **sọlido/a:** fest; hier: angetrocknet. | 17 f. **scambiarsi uno sguardo:** einen Blick wechseln. | 19 **colpire a freddo:** eiskalt zuschlagen.

rannicchiato in difesa e ha aspettato che finisse, a occhi chiusi. Quando i piedi dell'altro si sono allontanati, è rotolato un po' in disparte ed è rimasto lì supino, a riprendersi sul pavimento fresco.

– Mangiate, voi, – ha detto la madre, con il bambino in braccio. Non aveva pianto nel trambusto, come se fosse abituato. I maschi hanno ubbidito all'istante, Adriana un po' svogliata e in ritardo, dopo aver riassettato la tovaglia. Ero spaventata solo io, che non avevo mai visto la violenza da vicino.

Mi sono accostata a Vincenzo. Un respiro rapido e superficiale gli muoveva il petto. Due rivoli di sangue scendevano dalle narici alla bocca aperta e uno zigomo già si stava gonfiando. La mano era rimasta sporca di sugo. Gli ho offerto il fazzoletto che tenevo in tasca, ma lui si è voltato dall'altra parte senza accettarlo. Allora mi sono seduta per terra, lì a fianco, come un punto vicino al suo silenzio. Sapeva che c'ero e non mi ha mandata via.

– La prossima volta lo sfranìco, – si è ripromesso tra i denti quando ha riconosciuto il rumore del padre che si alzava da tavola. Ormai avevano finito tutti, Adriana ha cominciato a sparecchiare e il piccolo a lagnarsi per il sonno.

1 **rannicchiarsi:** sich zusammenkauern. | 2 f. **rotolare (da qualche parte):** (irgendwohin) rollen. | 3 **in disparte:** beiseite. | **supino/a:** auf dem Rücken. | **riprẹndersi:** sich erholen. | 6 **il trambusto:** Getümmel. | 7 **ubbidire a qu/qc:** jdm./etwas gehorchen. | 8 **svogliato/a:** lustlos. | **r(i)assettare:** in Ordnung bringen. | 11 **accostarsi a qu/qc:** sich jdm./etwas nähern. | 12 **il rịvolo** (dim.): Bächlein (*il rivo* [poet.]: Bach.) | 13 **la narice:** Nasenloch. | **lo zịgomo:** Jochbein, Wangenknochen. | 15 **voltarsi:** sich umdrehen. | 17 **a fianco:** nebenan. | 19 **sfranicà** (dial.): zerbröseln. | **riproměttersi di fare qc:** sich vornehmen, etwas zu tun. | 22 **lagnarsi:** quengeln, sich beklagen.

– Se non mangi sono fatti tuoi, – ha detto la madre passandomi davanti, – ma quelli li lavi lo stesso, oggi ti attocca, – e ha indicato il lavandino pieno. Non si sono neanche guardati, il figlio e lei.

Vincenzo è tornato in piedi e si è ripulito la faccia in bagno. Con dei pezzetti di carta igienica arrotolati ha tappato le narici ed è corso al lavoro, l'ora di pausa era passata già da un po'.

Mentre sciacquava i piatti che le passavo insaponati, Adriana mi ha raccontato delle fughe del fratello. La prima volta, a quattordici anni, aveva seguito i giostrai dopo una festa al paese vicino. Li aveva aiutati a smontare il luna park e al momento della partenza si era nascosto nel cassone di un camion. Era sbucato fuori alla sosta successiva, con la paura di essere rispedito a casa. Ma gli zingari lo avevano tenuto per qualche giorno, lavorava con loro girovagando nella provincia. Quando lo avevano messo su un autobus che l'avrebbe riportato dai suoi, gli avevano lasciato un oggetto prezioso come ricordo.

– Papà l'ha riempito di mazzate, – ha detto Adriana, – ma gli è rimasto l'anello d'argento con delle incisioni curiose. Gliel'ha regalato il suo compagno che hai visto ieri sera.

– Ma Vincenzo non porta nessun anello, mi sembra.

6 **il pezzetto** (dim.): *il pezzo.* | **arrotolare:** aufrollen. | **tappare:** hier: zustopfen, tamponieren. | 9 **sciacquare:** klarspülen. | **insaponato/a:** eingeseift. | 11 **il gostraio / la gostraia:** Schausteller(in). | 12 **smontare:** abbauen. | 13 **il cassone** (accr.): große Truhe; hier: Ladefläche (*la cassa:* Wagenkasten). | 14 **sbucare (da qualche parte):** (irgendwoher) herausschlüpfen. | 16 **girovagare:** umherziehen. | 20 **riempire di mazzate:** heftig verprügeln (*la mazzata:* Stockschlag). | 21 **curioso/a:** neugierig; hier: geheimnisvoll.

– Lo tiene nascosto. Certe volte se lo mette, poi lo rigira tra le dita e lo nasconde di nuovo.

– E dove? Tu non lo sai?

– No, gli cambia il posto. Deve essere un anello magico, dopo che lo tocca Vincenzo è felice per un po'.

– Anche stanotte ha dormito dagli zingari?

– Credo di sì. Quando riviene con quella faccia contenta è stato con loro. Eppure lo sa che poi ce le abbusca.

La madre l'ha chiamata per raccogliere i panni stesi sul balcone. Le faccende che mi chiedeva di sbrigare non erano molte, in confronto a quelle di Adriana. Forse mi stava risparmiando, o forse si dimenticava che c'ero. Di sicuro non mi riteneva capace, e non aveva torto. A volte nemmeno capivo cosa ordinava, in quel dialetto veloce e contratto.

– Te la ricordi la prima volta che Vincenzo è scappato di casa? – ho chiesto quando Adriana è venuta in cucina a riporre gli strofinacci piegati. – Lei si è disperata? Hanno avvertito i carabinieri?

Ha aggrottato la fronte e le sopracciglia si sono quasi congiunte verso il centro.

– No, i carabinieri no. Papà lo cercava con la macchina. Essa non piangeva, però si stava zitta, – ha risposto indicando con il mento la direzione degli strilli contro qualche figlio, di là.

1 **rigirare:** mehrfach herumdrehen. | 8 **abbuscà** (dial.): Prügel beziehen. | 11 **in confronto a:** im Vergleich zu. | 11 f. **risparmiare qu/qc:** jdn./etwas schonen. | 13 **ritenere qu capace di qc:** jdn. zu etwas fähig halten. | **avere torto:** Unrecht haben. | 14 **contratto/a:** hier: abgehackt. | 17 **lo strofinaccio:** Lappen. | 19 **aggrottare la fronte:** die Stirn runzeln. | **il sopracciglio** (plur. *le sopracciglia*): Augenbraue. | 20 **congiụngersi:** zusammenlaufen. | 23 **gli strilli:** Gezeter (*lo strillo:* Schrei).

8.

Per dormire almeno un po', ricordavo il mare. Il mare a poche decine di metri dalla casa che avevo creduto mia e abitato da quando ero piccola a qualche giorno prima. Solo la strada separava il giardino dalla spiaggia, nei giorni di libeccio mia madre chiudeva le finestre e abbassava le tapparelle fino in fondo per impedire alla sabbia di entrare nelle stanze. Ma il fragore delle onde si sentiva, appena attutito, e di notte conciliava il sonno. Me lo ricordavo nel letto con Adriana.

Le ho raccontato come favole le passeggiate con i miei genitori sul lungomare, fino alla più rinomata gelateria della città. Lei, con un abito a bretelline e lo smalto rosso alle unghie dei piedi, camminava al braccio di lui, mentre io correvo avanti a mettermi in fila. Misto frutti per me, con la panna sopra, creme per loro. Adriana non immaginava che esistessero tutti quei gusti, dovevo elencarglieli più volte.

– Ma dove rimane questa città? – chiedeva ansiosa, come di un posto magico.

– A cinquanta chilometri da qui, più o meno.

5 f. **il libeccio:** Südwest(-Wind). | 6 **la tapparella:** Rollladen. | 7 **impedire qu di fare qc:** jdn. von etwas abhalten. | 8 **il fragore:** Brausen, Getöse. | **attutito/a:** gedämpft. | 9 **conciliare il sonno:** einschläfernd wirken. | 12 **il lungomare:** Strandpromenade. | **rinomato/a:** namhaft, bekannt. | 13 **la bretellina** (dim.): Spaghettiträger (*la bretella:* Hosenträger). | 15 **mẹttersi in fila:** sich anstellen. | 17 **elencare qc a qu:** jdm. etwas auflisten. | 19 **ansioso/a:** bang, begierig.

– Mi ci porti una volta, così mi fai vedere pure il mare. E la bottega dei gelati.

Le ho parlato delle cene in giardino. Apparecchiavo io, mentre i bagnanti si ritiravano dall'arenile e passavano sul marciapiede a pochi metri da me, oltre il cancello. Strascicavano gli zoccoli di legno, perdendo granelli di sabbia dalle caviglie.

– E che vi mangiavate? – s'informava Adriana.

– Di solito il pesce.

– Sarebbe il tonno nelle scatole?

– No no, ce ne sono tanti altri. Li compravamo freschi al mercato dei pescatori.

Ho descritto le seppie mimando i tentacoli con le dita. Le flessioni delle cicale di mare in agonia sulle bancarelle, e io incantata a guardarle. Mi fissavano anche loro, con le due macchie scure della coda come occhi di rimprovero. Sulla strada del ritorno, lungo la massicciata della ferrovia insieme a mia madre, il sacchetto frusciava degli spasmi finali.

A raccontarlo credevo di risentire in bocca il sapore delle fritture che lei preparava, e i calamari ripieni, i brodetti. Chissà come stava, mia madre. Se un po' aveva ripreso a mangiare, se si alzava più spesso dal letto. O se invece era ricoverata in qualche ospedale. Non aveva voluto dirmi

3 **apparecchiare:** den Tisch decken. | 4 **l'arenile** (m.): Sandstrand. | 5 **il cancello:** Tor. | 5 f. **strascicare:** latschen, schlurfen. | 6 **lo zọccolo:** Holzschuh. | **il granello** (dim.): *il grano.* | 7 **la caviglia:** Knöchel, Fessel. | 13 **il tentạcolo:** Fangarm. | 14 **la flessione:** Krümmen. | **la cicala di mare:** Kleiner Bärenkrebs. | **l'agonịa:** Todeskampf. | **la bancarella:** Marktstand. | 17 **la massicciata della ferrovịa:** Bahndamm. | 18 **frusciare:** rascheln. | **lo spasmo:** Krampf, Zuckung. | 20 **il brodetto** (dim.): *il brodo.* | 23 **ricoverare qu in ospedale:** jdn. ins Krankenhaus einliefern.

niente della sua malattia, di sicuro non voleva spaventarmi, ma l'avevo vista soffrire negli ultimi mesi, non era nemmeno scesa in spiaggia, lei che iniziava sempre ai primi tepori di maggio. Con il suo permesso andavo all'ombrellone da sola, tanto ormai ero grande, diceva. Ci sono andata anche alla vigilia della partenza e mi sono persino divertita con le amiche, non credevo che i miei avrebbero davvero trovato il coraggio di riconsegnarmi.

Portavo ancora addosso l'abbronzatura, interrotta dal bianco a forma di costume. Quell'anno era stato necessario il reggiseno, non ero più una bambina. Erano scuri anche i miei fratelli, ma solo nelle zone esposte durante il lavoro o il gioco all'aperto. Dovevano essersi spellati all'inizio dell'estate e poi anneriti di nuovo. Vincenzo aveva incisa sulla schiena la mappa permanente dei morsi del sole.

– Le tenevi le amiche alla città? – mi ha chiesto Adriana. Aveva appena salutato dalla finestra una sua compagna di classe che la chiamava dal piazzale.

– Sì, le avevo. Patrizia, soprattutto.

Proprio con lei avevo scelto il costume da bagno a due pezzi, a primavera. Eravamo andate a comprarlo in un negozio vicino alla piscina, anche quella frequentavamo insieme. Lei era quasi una campionessa, io ci andavo un po' per forza. Sentivo sempre freddo: prima di entrare in vasca, quando ne uscivo. Non mi piaceva il grigio, lì dentro, e l'o-

3 **il tepore:** milde Wärme. | 6 **la vigilia:** Vorabend. | 8 **riconsegnare:** zurückgeben. | 9 **l'abbronzatura:** Sonnenbräune. | 13 **spellarsi:** sich schälen. | 14 **annerirsi:** dunkel werden. | 15 **la mappa:** (Land-)Karte. | **permanente** (agg.): dauerhaft. | 20 f. **il costume da bagno a due pezzi:** Bikini.

dore del cloro. Ma avevo nostalgia anche di quello, dopo che tutto era cambiato.

Volevamo prendere costumi uguali, io e Pat, per presentarci in spiaggia con le nuove forme. Avevamo avuto il menarca a una settimana l'una dall'altra e anche l'eruzione dei brufoli sembrava sincronizzata. I nostri corpi crescevano per suggerimenti reciproci.

– A te sta meglio questo, – aveva detto mia madre tra gli scaffali del negozio, pescando in mezzo agli altri un bikini più coprente. – Anche perché la pelle del seno è delicata e con quello ti scotteresti –. Ricordo ogni dettaglio di quel pomeriggio, il giorno dopo lei si è ammalata.

Così avevo rinunciato al due pezzi ridotto, con i fiocchi tra le coppe e sui fianchi. Patrizia no, l'aveva voluto lo stesso. Veniva spesso a casa, io da lei meno, i miei temevano che i vizi della sua famiglia mi contagiassero. Erano allegri, un po' distratti, disordinati. Non li abbiamo mai visti a messa la domenica, neanche a Pasqua e Natale, forse non si svegliavano in tempo. Mangiavano quello che gli andava quando avevano fame, coccolavano due cani e un gatto maleducato che saliva sul tavolo a rubare gli avanzi. Ricordo le merende che ci preparavamo da sole nella sua cucina, le onde di cioccolata spalmate sul pane, anche se faceva male ai denti.

1 **il cloro:** Chlor. | 4 f. **il menarca:** erste Regelblutung. | 5 **l'eruzione** (f.): Ausbruch. | 6 **il brufolo:** Pickel. | **sincronizzato/a:** abgestimmt. | 7 **reciproco/a:** wechselseitig. | 9 **pescare qc (da qc):** etwas (aus etwas) herausfischen. | 14 **la coppa:** (Bikini-)Körbchen. | 16 **contagiare:** anstecken. | 20 **coccolare:** hätscheln, verzärteln. | 20 f. **maleducato/a:** schlecht erzogen, verzogen. | 21 **gli avanzi:** (Essens-)Reste.

– È questa che mi dà l'energia per il nuoto, – diceva Pat. – Prendi un'altra fetta, tanto tua madre non lo sa.

Solo una volta ho avuto il permesso di rimanere a dormire da lei. I suoi genitori erano andati al cinema e noi abbiamo guardato la televisione fino a tardi, sgranocchiando patatine, poi siamo rimaste sveglie a chiacchierare da un letto all'altro quasi tutta la notte, con il micio steso a fare le fusa sulla coperta. Non ero abituata a certe libertà, il giorno dopo a casa mia stavo per addormentarmi sul petto di pollo.

– Non ti avranno mica dato qualcosa quelli? – si è preoccupata mia madre.

Patrizia ha pensato a uno scherzo quando le ho detto che ero costretta ad andare via. All'inizio non comprendeva la storia di una famiglia vera che mi reclamava, e io meno di lei, a risentirla dalla mia voce così come l'avevo appresa. Ho dovuto spiegarla daccapo e a Pat sono saliti di colpo certi singhiozzi che la scuotevano tutta. Allora mi sono spaventata davvero, ho capito dalla sua reazione che stava per accadermi qualcosa di grave, lei non piangeva mai.

– Non avere paura, i tuoi, quelli di qua intendo, non lo permetteranno. Tuo padre fa pure il carabiniere, lo troverà un modo, – ha cercato di consolarmi dopo essersi ricomposta.

– Ripete che non lo può impedire.

– Tua madre sarà distrutta.

– Non sta bene da un po' di tempo, forse da quando ha

5 **sgranocchiare:** knabbern. | 6 **le patatine:** Chips. | 7 **il micio** (fam.): Mieze. | 7 f. **fare le fusa:** schnurren. | 17 **daccapo:** von vorne. | 19 f. **accadere a qu:** jdm. widerfahren. | 23 f. **ricomporsi** (*ricomposto*): sich wieder fassen.

saputo che non può più tenermi con sé. Oppure l'ha deciso lei di mandarmi via proprio perché è malata, e non vuole farmelo sapere. Non riesco a crederci a una famiglia che non si è mai vista e adesso all'improvviso mi rivuole.

– A guardarti, però, non somigli a nessuno dei tuoi genitori. Non a quelli che conosciamo.

L'idea mi è poi venuta di notte, l'ho riferita a Patrizia la mattina sotto il suo ombrellone. L'abbiamo perfezionata nei minimi dettagli, eravamo entusiaste del nostro piano. Dopo pranzo sono andata di corsa da lei, senza nemmeno chiedere il permesso a mia madre che riposava in camera. In quel periodo mi avrebbe mandata comunque, con un sì stanco e preoccupato d'altro.

Pat mi ha aperto a testa bassa, reggendosi alla porta. Con un piede sgarbato ha respinto il micio che le strusciava la coda intorno alle gambe. Quasi non volevo più entrare. Mi ha preso lei la mano e mi ha portata verso il no che sua madre doveva dirmi. Noi due ragazzine avevamo pensato che il giorno dopo dalla spiaggia saremmo tornate lì insieme e sarei rimasta nascosta il tempo necessario, anche uno o due mesi. Se io fossi sparita, tutti quei genitori si sarebbero forse impegnati di più a trovare una soluzione per me. Avrei anche telefonato a casa mia, un'unica volta però e per pochi secondi – come nei film – solo per rassicurarli e dettare le mie condizioni.

«Io da quelli non ci vado. Torno con voi o me ne scappo per il mondo.»

La mamma di Pat mi ha abbracciata stretta, con il solito

4 **all'improvviso:** plötzlich. | 10 **andare di corsa:** hetzen. | 14 **rẹggersi a qu/qc:** sich an jdm./etwas festhalten. | 15 **sgarbato/a:** ruppig, barsch. | **strusciare:** reiben, streifen.

affetto e un nuovo imbarazzo. Ha sgomberato un po' il divano e mi ha invitata a sedere accanto a sé. Ha allontanato anche lei il gatto, non era il suo momento.

– Mi dispiace davvero, – ha detto. – Sai quanto ci tengo a te. Ma non è possibile.

1 **sgomb(e)rare:** (ab)räumen. | 4 **tenere a qu/qc:** auf jdn./etwas Wert legen.

9.

– Non ci stavi contenta alla città? – mi ha chiesto Vincenzo a bruciapelo.

Eravamo nella rimessa seminterrata della palazzina. In un mucchio informe contro le pareti ceste sfondate, cartoni ondulati dall'umidità, un materasso bucato da cui fuoriuscivano bioccoli di lana. Una bambola senza testa in un angolo. Nel poco spazio centrale noi ragazzi sbucciavamo e tagliavamo a pezzetti i pomodori per la conserva, ma io ero la più lenta.

– Non l'ha mai fatto, la signorina, – mi aveva già derisa in falsetto un fratello.

Il piccolo ha affondato un braccio nel secchio degli scarti e se li è portati alla bocca. La madre non c'era in quel momento, era andata a prendere qualcosa.

– Allora? Perché sei tornata ecco? – ha insistito Vincenzo indicando tutto intorno con un gesto rosso.

– Non l'ho mica deciso io. Mia madre ha detto che ero cresciuta e i veri genitori mi rivolevano indietro.

Adriana ascoltava attenta con gli occhi su di me, non aveva bisogno di guardare le mani e il coltello che stava usando.

3 **a bruciapelo:** unvermittelt. | 4 **la rimessa seminterrata:** Verschlag im Souterrain. | **la palazzina** (dim.): *il palazzo:* Wohnhaus. | 5 **informe** (agg.): unförmig. | **la cesta:** Korb. | **sfondato/a:** bodenlos, durchgebrochen. | 6 **ondulato/a:** wellig. | **bucato/a:** durchlöchert. | 7 **biọccolo:** Flocke. | 11 **derịdere:** verspotten, belächeln. | 12 **il falsetto:** Fistelstimme. | 13 **affondare:** eintauchen, versenken. | 17 **con un gesto rosso** (fig.): mit rotverschmierter Hand.

– Scì, proprio! Levatelo dalla coccia, a te ecco non ti si sognava nisciuno, – ha detto Sergio, il più crudele. – A ma', – ha strillato poi verso l'esterno, – per davvero te la sei ripigliata tu 'sta sturdullita?

Vincenzo l'ha spinto con un braccio e l'altro è caduto sghignazzando dalla cassetta di legno capovolta su cui sedeva. Con il piede ha urtato un recipiente pieno a metà e alcuni pomodori già pelati sono finiti sulla gettata di cemento, nella polvere. Stavo per buttarli tra gli scarti senza pensarci, Adriana me li ha tolti appena in tempo, con una mossa svelta da adulta. Li ha sciacquati e strizzati prima di rimetterli dentro il pentolone. Si è voltata a fissarmi in silenzio, avevo capito? Non si doveva sprecare niente. Ho accennato di sì con la testa.

La madre è tornata con le bottiglie pulite da riempire. In ognuna aveva già inserito una foglia di basilico.

– Oddio, ma che tieni le cose tue oggi? – mi ha chiesto brusca.

Ho risposto troppo piano per la vergogna.

– Eh? Le tieni o non le tieni?

Ho ripetuto di no con il dito.

– Meno male, che sennò ecco si fracicava tutto quanto. Se ti vengono, certe faccende non le puoi fare.

2 **nisciuno** (dial.): *nessuno.* | **ma'** (dial.): *Mamma.* | 4 **'sta** (dial., fam.): *questa.* | **la sturdullita** (dial.): einfältige Person, dumme Gans. | 6 **sghignazzare:** höhnisch grinsen. | **capovolto/a** (*capovọlgere*): umgedreht, auf den Kopf gestellt. | 7 **il recipiente:** Gefäß, Behälter. | 8 **la gettata:** Betonierung. | 11 **la mossa:** Bewegung. | **strizzare:** auswringen, ausdrücken. | 14 **accennare:** andeuten. | 16 **inserire:** hineinwerfen. | 17 **le cose** (fam.): die »Tage«, Menstruation. | 18 **brusco/a:** unwirsch, schroff. | 22 **sennò:** sonst. | **fracicarsi** (dial.): schlecht werden, verschimmeln.

Sul fuoco acceso in un angolo tra la palazzina e la scarpata di terra, le bottiglie di salsa avevano appena finito la bollitura a bagnomaria in un grosso paiolo. Vincenzo si è ripresentato con un mezzo sacco di pannocchie, guardandosi le spalle. Ha finto di non sentire chi gli domandava dove le aveva prese. Le abbiamo ripulite delle barbe e dei cartocci, i chicchi dentro erano teneri e sprizzavano latte a tentarli con l'unghia. Guardavo gli altri e facevo come loro. Il margine di una foglia mi ha tagliato la pelle ancora troppo morbida.

Vincenzo le ha arrostite sulla brace rimasta, girandole di tanto in tanto a mani nude, con un rapido tocco dei polpastrelli callosi.

– Se si abbrusciano un po', sono più buone, – mi ha spiegato sorridendo di sbieco.

Ha passato la prima davanti alla faccia di Sergio che l'ha creduta sua, invece è arrivata a me. Mi sono scottata.

– C'ho piacere, – ha borbottato Sergio aspettando il suo turno.

– Le avevo mangiate solo qualche volta, ma lesse. Così sono molto più gustose, – ho detto.

Non mi ha sentita nessuno. In silenzio ho aiutato Adria-

1 **la scarpata:** Böschung. | 2 f. **la bollitura a bagnomarịa:** Sieden im Wasserbad. | 3 **il paiolo:** Kessel. | 4 **la pannocchia:** Maiskolben. | 5 **fịngere** (*finto*): vortäuschen, so tun als ob. | 6 **le barbe:** hier: Maishaare. | **i cartocci:** hier: Maisblätter. | **il chicco:** Korn. | 7 **sprizzare:** spritzen. | **tentare:** hier: quetschen, einritzen. | 10 **arrostire:** rösten. | **la brace:** Glut. | 11 f. **il polpastrello:** Fingerkuppe. | 12 **calloso/a:** schwielig. | 13 **abbrusciarsi** (dial.): anbrennen. | 14 **di sbieco:** schräg, schief. | 17 **c'ho piacere** (dial.): das gefällt mir; hier: geschieht ihr recht! | 17 f. **avere il suo turno:** drankommen. | 19 **lesso/a:** gekocht. | 20 **gustoso/a:** schmackhaft, lecker.

na a lavare e riporre nella rimessa tutti i recipienti usati per la salsa.

– Lascialo perdere a Sergio, quello è cattivo con tutti.

– Magari ha ragione lui, forse non sono stati i tuoi genitori a chiedermi indietro. Ormai ne sono certa, sto qui perché mia madre è malata. Ma scommetto che viene a riprendermi, quando guarisce.

10.

Cara mamma o cara zia,
non so più come chiamarti, ma voglio tornare da te. Io in paese non ci sto bene e non è vero che i vostri cugini mi aspettavano, anzi mi hanno accolta come un accidente e sono un impiccio per tutti, oltre che una bocca in più da sfamare.

Ripetevi sempre che per una ragazza la cosa più importante è l'igiene personale, allora t'informo che in questa casa è difficile anche lavarsi. Dividiamo in due un lettino con un materasso puzzolente di pipì. Nella stessa camera dormono i maschi dai quindici anni in su e questo non ti piacerebbe. Io non lo so cosa potrà capitare qui. Tu che vai tutte le domeniche a messa e insegni il catechismo in parrocchia non puoi lasciarmi in queste condizioni.

Sei malata e non mi hai voluto dire quello che hai, ma io sono abbastanza grande per esserti vicina e aiutarti.

Ho capito che tu mi hai presa da piccola per il mio bene, perché ero nata in una famiglia povera e numerosa. Qua non è cambiato niente. Se ci tieni a me manda per favore lo zio a riprendermi, altrimenti uno di questi giorni salto dalla finestra.

P. S.
Scusa se non ti ho voluto salutare la mattina che mi avete costretta a venire via e grazie per le cinquemila lire che hai

6 **l'impiccio:** Hindernis. | **sfamare:** sättigen. | 10 **puzzolente** (agg.): stinkend. | 13 **il catechismo:** Katechismus.

messo tra i fazzoletti. Gli spiccioli rimasti basteranno per la busta e il francobollo.

Ho dimenticato di firmare la lettera scritta su un foglio strappato da un quaderno a righe. L'ho imbucata nella cassetta rossa accanto alla porta del tabaccaio e ho contato il resto, sufficiente per due ghiaccioli, uno alla menta per me e uno al limone per Adriana.

– A chi l'hai spedita? – ha chiesto leccando con cura la carta che aveva staccato dalla superficie gelata.

– Alla mamma che sta in città.

– Quella non è una mamma.

– Alla zia, allora, – ho precisato nervosa.

– Sì, è la stracugina di nostro padre. Veramente lo stracugino è il marito, quello che ti ha riportata, il carabiniere. Però i soldi li tiene essa, ci pensa essa per te.

– Che ne sai? – mentre il liquido verdino colava lungo lo stecco, fino alle dita.

– Ieri sera ho sentito un discorso in camera dei nostri genitori. Stavo nascosta nell'armadio perché Sergio mi voleva menare. Sembra che 'sta Adalgisa ti manderà pure alle scuole alte, povera te.

– Che altro dicevano? – ho domandato capovolgendo il ghiacciolo perché gocciolasse dalla punta.

Adriana ha scosso la testa e me lo ha tolto, l'ha leccato

4 **il quaderno a righe:** liniertes Heft. | 6 **il ghiacciolo:** Wassereis. | 8 **con cura:** sorgfältig. | 13 **il stracugino / la stracugina:** entfernte(r) Cousin(e). | 16 **verdino/a:** lindgrün. | 17 **lo stecco:** hier: (Eis-)Stil. | 20 **menare** (fam.): schlagen. | 23 **gocciolare da qc:** von etwas tröpfeln. | **la punta:** Spitze. | 24 **scuọtere** (*scosso*) **la testa:** den Kopf schütteln.

tutto e restituito invitandomi a mangiare con un gesto impaziente.

– Con il guaio che s'aritrova, ripetevano.

Ho succhiato senza voglia quello che era rimasto chiudendolo tutto in bocca per un po', fino a ridurlo a un fantasma di gelo scolorito.

– Dammelo, – ha detto Adriana esasperata e ha terminato con piccoli morsi intorno al legnetto.

Ho chiesto al postino in quanto tempo sarebbe stata recapitata una lettera spedita in città, ho raddoppiato i giorni e ne ho concesso uno in più per scrivere la risposta. Poi ho cominciato ad aspettarla, seduta sul muretto ogni mattina dalle undici in poi, mentre i bambini si rincorrevano nel piazzale o giocavano a campana. Dondolavo le gambe al sole gentile di settembre e a volte immaginavo che invece di una busta affrancata sarebbe arrivato a momenti lo zio carabiniere che avevo creduto mio padre. Mi avrebbe riportata indietro con la sua lunga automobile grigia e allora gli avrei perdonato tutto, di non essersi opposto alla mia restituzione, di avermi lasciata lì sull'asfalto.

Oppure sarebbero venuti in due, lei guarita, i capelli cotonati dal solito parrucchiere che li tagliava anche a me – intanto la frangia mi era cresciuta davanti agli occhi –, uno dei

3 **s'aritrova** (dial.): *si ritrova.* | 4 **succhiare:** lutschen, saugen. | 6 **scolorito/a:** farblos. | 7 **esasperato/a:** empört. | 8 **il legnetto** (dim.): *il legno.* | 10 **recapitare:** (Brief) zustellen. | **raddoppiare:** verdoppeln. | 12 **il muretto** (dim.): *il muro.* | 13 f. **rincorrersi:** fangen spielen. | 14 **giocare a campana:** Kästchenhüpfen spielen. | **dondolare:** schaukeln, baumeln. | 15 **a volte:** manchmal. | 20 **la restituzione:** Rückgabe. | 22 f. **cotonato/a:** toupiert. | 24 **la frangia:** Franse; hier: Pony.

morbidi foulard che indossava nelle mezze stagioni avvolto intorno al collo.

– Che aspetti, una lettera d'amore? – scherzava il postino dopo avermi delusa cercando invano nella borsa di cuoio.

Il furgone si è fermato sotto l'azzurro del cielo, a metà pomeriggio. L'uomo alla guida è sceso per chiedere a che piano abitava la destinataria della merce, il nome era quello della madre. Ha cominciato a scaricare alcuni pezzi imballati, i ragazzini hanno subito interrotto i giochi per aiutarlo a portarli su per le scale. Eravamo tutti curiosi e lui si divertiva a tenerci in sospeso.

– Attenti, attenti agli spigoli. Ora che lo monto vedrete cos'è, – ripeteva ai più impazienti.

– Dove dormono le bambine? – ha domandato come se seguisse istruzioni imparate a memoria.

Io e Adriana gli abbiamo aperto la camera guardandoci incredule. In pochi minuti ha preso forma sotto i nostri occhi un letto a castello, completo di scaletta e materassi nuovi. L'uomo l'ha accostato al muro e per isolarlo ha sistemato intorno ai lati liberi un paravento snodabile composto di tre ante. È tornato giù a prendere ancora qualcosa, la risposta alla lettera non era ancora completa.

– Ma chi l'ha ordinata tutta 'sta roba? E mo chi la paga? – si è preoccupata Adriana come svegliandosi all'improvviso

5 **il furgone:** Lieferwagen. | 8 **imballato/a:** verpackt. | 11 **in sospeso:** in der Schwebe, im Ungewissen. | 15 **a memoria:** auswendig. | 18 **il letto a castello:** Stockbett. | **la scaletta** (dim.): *la scala.* | 20 **il paravento:** spanische Wand, Sichtblende. | **snodabile** (agg.): gelenkig; hier: faltbar. | 21 **l'anta:** Flügel (eines Gegenstandes).

da un sogno. – Papà tiene già i debiti. E mamma dov'è finita?

Era scomparsa dopo pranzo con il piccolo, senza dirci niente. Forse si era perduta in chiacchiere da qualche vicina.

– I nostri genitori non ce l'hanno lasciati i soldi, – ha cominciato a giustificarsi mia sorella rivolta all'uomo che aveva portato su degli scatoloni, con l'aiuto del solito codazzo di monelli. Contenevano due paia di lenzuola a colori, una trapunta imbottita di lana, una coperta più leggera. Sembravano tutte destinate a uno solo dei letti sovrapposti. C'erano anche saponette, flaconi del mio shampoo preferito e di quello contro i pidocchi, lì potevo averne bisogno. E un campione del profumo di mia madre, si era accorta che la mattina le rubavo qualche goccia prima di andare a scuola.

– La merce è stata già saldata. Mi serve solo la firma di un adulto per ricevuta.

Ha provveduto Adriana, imitando la grafia incerta del padre. Quando siamo rimaste sole nella stanza mi ha chiesto di dormire lei sopra, poi sotto, poi di nuovo sopra. Si era tolta le scarpe e provava le posizioni trafficando su e giù dalla scaletta. Abbiamo portato sul pianerottolo la vecchia rete deformata e il materasso maleodorante.

7 **lo scatolone** (accr.): *la scạtola.* | **il codazzo:** Gefolgschaft. | 8 **il monello / la monella:** Gassenkind. | **il paio** (pl. *le paia*): Paar. | 9 **la trapunta:** Steppdecke. | 10 **sovrapposto/a** (*sovraporre*): überlagert, gestapelt. | 11 **il flacone:** Fläschchen. | 12 **il pidocchio:** Laus. | 13 **il campione:** Muster, Pröbchen. | 14 **la goccia:** Tropfen. | 16 **saldato/a:** bezahlt. | 18 **la grafịa incerta:** unsichere Handschrift. | 21 f. **trafficando su e giù dalla scaletta:** indem sie die Leiter rauf und runterkletterte (*trafficare:* werkeln). | 23 **la rete:** hier: Bettgestell. | **maleodorante** (agg.): übelriechend.

– Ho paura di bagnare quello nuovo.

– Ha comprato anche una cerata impermeabile. Usala tu.

– Ha comprato chi?

La madre è rientrata in quel momento, sulla spalla la testa ciondoloni del bambino addormentato. Non si è stupita della novità che Adriana ha voluto subito mostrarle tirandola per la camicetta. Irritata dall'entusiasmo della figlia, ha guardato con una sorta di sufficienza ottusa il letto e il resto, poi me.

– Te lo manda quella sfìstica di tua zia. Chissà che hai raccontato di noi. C'ho parlato ieri dal telefono pubblico, la signora Adalgisa m'ha fatto chiama' da Ernesto della cantina.

Il privilegio di dormire sui materassi freschi di fabbrica, coperte dal paravento, si è ritorto contro me e Adriana già la prima sera. I maschi si nascondevano dietro quell'affare, così lo chiamavano, e ci spaventavano sbucando all'improvviso con un urlo. Lo hanno ribaltato più volte e nel giro di una settimana il tessuto teso tra i lati delle ante era strappato in più punti. Infilavano le teste nei buchi e strillavano versacci. Io e mia sorella abbiamo assistito alla rovina del nostro piccolo mondo separato, le proteste non sono valse a salvarlo e i genitori non sono intervenuti. Gli anni da figlia unica non mi avevano insegnato a difendermi, subivo gli

2 **la cerata:** Wachstuch. | **impermeạbile** (agg.): wasserdicht. | 5 **ciondoloni** (avv.): hängend. | **stupirsi di qu/qc:** über jdn./etwas erstaunt sein. | 7 **la camicetta** (dim.): Kittel. | 8 **la sorta:** Art. | **la sufficienza:** hier: Gönnerhaftigkeit. | **ottuso/a:** stumpfsinnig. | 10 **la sfìstica** (dial.): Zimperliese. | 12 **la cantina:** Schenke. | 14 **ritọrcersi** (*ritorto*) **contro qu:** sich gegen jdn. wenden. | 17 **ribaltare:** umstoßen. | 19 **infilare:** (hinein)stecken. | 20 **il versaccio:** Grimasse, Fratze; hier: häßliches Geräusch, laut. | 21 **valere** (*valgo, valso*): nützen.

attacchi, impotente e rabbiosa. Quando Sergio mi passava davanti, era strano che non cadesse fulminato dalle mie silenziose maledizioni.

Solo Vincenzo non partecipava ai dispetti, a volte gridava ai fratelli di smetterla, infastidito dal loro baccano. Dopo che abbiamo portato giù nella rimessa il paravento ormai inservibile, mi guardava a lungo, la sera e al risveglio, come se gli fosse mancata la vista sul mio corpo. Continuavamo a vestirci poco, per il caldo persistente di quell'estate sfinita.

Nel letto che l'aveva tanto entusiasmata Adriana non riusciva a dormire né sopra né sotto, ci scambiavamo il posto di continuo. A un'ora variabile veniva a rannicchiarsi accanto a me, ovunque fossi. Ma la cerata era una, così in poco tempo l'urina involontaria di Adriana ha imbevuto tutti e due i materassi nuovi.

1 **impotente** (agg.): machtlos. | **rabbioso/a:** wütend. | 2 **fulminare** (fig.): durchbohren. | 4 **il dispetto:** Bosheit. | 5 **il baccano:** Krawall. | 7 **inservịbile** (agg.): unbrauchbar. | **il risveglio:** Erwachen. | 9 **persistente** (agg.): nachhaltig, andauernd. | **sfinito/a:** endlos. | 12 **di continuo:** ständig. | **variạbile** (agg.): wechselhaft. | 13 **ovunque** (avv.): wo auch immer, überall. | 14 **imbẹvere:** durchtränken.

11.

Mia madre del mare è morta al piano superiore del letto a castello, una di quelle notti. A vederla non sembrava malata, forse solo un po' più grigia del solito. Senza un inizio preciso il neo peloso disteso sul suo mento come un bruco incarnato ha preso a sbiadire, piano piano. È impallidito in pochi minuti, fino a confondersi con il bianco scuro intorno. L'aria ha smesso di gonfiarle il petto e l'occhio si è fissato.

Al funerale mi accompagnava l'altra madre. Poveradalgisa poveradalgisa, ripeteva torcendosi le mani. Ma poi l'hanno cacciata via, aveva le calze di filanca tutte smagliate e non poteva assistere alla celebrazione in quello stato. Sono rimasta sola davanti, unica figlia della defunta, alle mie spalle un gruppo indistinto di figure nere partecipava alla cerimonia. I necrofori calavano la bara nella buca scavata di fresco, sotto il peso le corde stridevano nell'attrito con gli spigoli. Devo essermi avvicinata troppo al bordo della fossa, l'erba mi è franata sotto i piedi e sono caduta su di lei, chiusa nel legno. Stavo ferma lì, stordita e forse invisibi-

5 **il neo:** Muttermal. | **il bruco:** Raupe. | 5 f. **incarnato/a:** verkörpert; hier: eingewachsen. | 6 **sbiadire:** verbleichen. | **impallidire:** verblassen. | 7 **confọndersi** (fig.): sich vermischen. | 10 **tọrcersi:** sich winden/krümmen. | 11 **la filanca:** Helanca (elastische Kunstfaser). | **smagliato/a:** voller Laufmaschen. | 12 **la celebrazione:** hier: Trauerfeier. | 13 **il defunto / la defunta:** Verstorbene(r). | 14 **indistinto/a:** ununterscheidbar, verschwommen. | 15 **il necrọforo / la necrọfora:** Totengräber(in). | **la bara:** Sarg. | 16 **strịdere:** kreischen; hier: ächzen. | **l'attrito:** Reibung. | 18 **la fossa:** Grube. | **franare:** zusammenstürzen. | 19 **stordito/a:** benommen, durcheinander. | 19 f. **invisịbile** (agg.): unsichtbar.

le. Il prete impartiva una benedizione monocorde, spruzzava l'acqua santa anche sul mio corpo. Poi il rumore delle pale che cominciavano a restituire la terra rimossa, sorde alle mie urla. Infine qualcuno mi ha afferrato forte per un braccio.

– Mo se non l'allenti di strilla' come una matta ti getto dalla finestra, – ha minacciato Sergio scuotendomi al buio.

Non mi sono più riaddormentata. Ho seguito il viaggio freddo della luna fino a quando si è nascosta dietro il muro.

L'incubo è stato il culmine delle mie angosce notturne. Dopo brevi cedimenti al sonno i risvegli erano sussulti improvvisi, e la certezza di una disgrazia imminente, ma quale? Brancolavo in quelle assenze della memoria finché la malattia di mia madre tornava a galla di colpo, e si ingigantiva, si aggravava nel buio. Di giorno potevo governarla, credere a una guarigione, un mio ritorno a casa, poi. Di notte lei peggiorava fino a morire in sogno.

Più tardi sono scesa io da Adriana, per una volta. Non si è svegliata, ha spostato i piedi per accogliermi nella consueta posizione reciproca, ma ho voluto appoggiare la testa accanto alla sua, sul cuscino. L'ho abbracciata, per consolarmi. Era così piccola e ossuta, odorava di capelli grassi.

1 **impartire una benedizione:** einen Segen erteilen. | **monocorde** (agg.): eintönig. | 1 f. **spruzzare:** bespritzen. | 2 **l'acqua santa:** Weihwasser. | 3 **la pala:** Schaufel. | **rimosso/a** (*rimuọvere*): entfernt. | 6 **allentare:** nachlassen. | 10 **il cụlmine:** Höhepunkt. | **l'angoscia:** Angst. | 11 **il cedimento:** Absinken, Sacken. | 12 **imminente** (agg.): bevorstehend. | 13 **brancolare:** herumirren. | 14 **tornare a galla:** zurück an die Oberfläche kommen. | 14 f. **ingigantirsi:** riesengroß werden. | 15 **aggravarsi:** sich verschlimmern. | **governare:** hier: zügeln, in Schach halten. | 19 **consueto/a:** gewöhnlich. | 22 **odorare di qc:** nach etwas riechen.

Per contrasto sono emersi dai ricordi i boccoli di Lidia, come fiori rossi tra le lenzuola. Troppo giovane per chiamarla zia, la sorella minore di mio padre carabiniere. Per alcuni anni eravamo state insieme nella casa dei miei genitori, lei compariva nei primi ricordi di quelle stanze. Occupava una camera in fondo al corridoio, lunga e stretta, ma con vista sulle onde. Di pomeriggio mi sbrigavo con i compiti e poi ascoltavamo canzoni alla radio. Si tormentava pensando a qualcuno perduto, ripeteva accorata le strofe d'amore con il pugno sul torace asmatico. I suoi l'avevano mandata dal loro paese a respirare l'aria salmastra, lì dal fratello.

Quando restavamo sole Lidia indossava minigonna e zatteroni che teneva nascosti nell'armadio e accendeva il mangiadischi al massimo del volume. Ballava lo shake in sala da pranzo, agitandosi tutta a occhi chiusi. Chissà dove aveva imparato, non le era consentito uscire dopo il tramonto, ma a volte disubbidiva saltando da una finestra a piano terra. La volevo accanto a me ogni sera, proprio al momento di cedere al sonno mi coglievano certi pruriti in punti inaccessibili della schiena. Lidia veniva a grattarmi e poi rimaneva seduta sul letto. Mi contava le vertebre, magra com'ero, e su ognuna costruiva una storia. Chiamava per

1 **emẹrgere** (*emerso*): auftauchen. | **il bọccolo:** Haarlocke. | 5 **comparire:** erscheinen. | 9 **accorato/a:** betrübt, untröstlich. | 11 **salmastro/a:** salzhaltig. | 14 **i zatteroni:** Schuhe mit Plateausohlen (oft aus Kork). | 15 **il mangiadischi** (invar.): tragbarer Plattenspieler. | **lo shake:** Shake; Modetanz der 1960er Jahre, mit rhythmischen Schüttelbewegungen der Schultern und Hüften. | 16 **agitarsi:** sich bewegen. | 20 **cọgliere** (*colgo, colto*) **qu** (fig.): jdn. überfallen. | **il prurito:** Juckreiz. | 21 **inaccessịbile** (agg.): unzugänglich. | **grattare:** kratzen. | 22 **la vẹrtebra:** Wirbel.

nome le più prominenti e le faceva conversare tra vecchie signore, toccando ora l'una ora l'altra.

– Mi prendono, – aveva detto un giorno rientrando.

L'ho perduta così, ai Grandi Magazzini, qualche anno prima della mia restituzione. Eravamo andate una mattina presto per acquisti e mentre misuravo una maglietta con i pesci e le stelle marine, aveva domandato a una commessa di parlare con la direttrice. Sarebbe venuta più tardi, l'abbiamo aspettata. Appena ci ha ricevute nell'ufficio spoglio, Lidia ha estratto dalla borsa un diplomino di segretaria d'azienda e ha chiesto di lavorare lì, con qualsiasi mansione. Sedeva davanti alla scrivania e io in piedi a fianco, ogni tanto mi accarezzava un braccio.

L'hanno chiamata quasi subito per un breve periodo di prova. Una sera è tornata con la divisa tremante sui palmi, avrebbe dovuto indossarla il giorno dopo. L'ha provata camminando avanti e indietro nel salotto. Era bianca e blu, con il collo e i polsini inamidati. Ora aveva anche lei l'uniforme, come il fratello. Si è esibita in una serie di piroette per mostrarci la gonna che faceva la ruota. Quando si è fermata e il mondo ha smesso di girarle intorno, io non ero più lì a guardarla.

Da commessa è diventata subito cassiera e dopo un anno caporeparto. Rientrava sempre più tardi. Si è poi trasferita

1 **prominente** (agg.): hervorstehend. | **conversare:** plaudern, sich unterhalten. | 4 **il Grande Magazzino:** (großes) Kaufhaus. | 6 **misurare:** hier: anprobieren. | 7 **la stella marina:** Seestern. | 10 f. **il diplomino di segretaria d'azienda:** Sekretärinnendiplom (*l'azienda:* Betrieb, Firma). | 13 **accarezzare:** streicheln. | 15 **tremante** (agg.): zitternd. | 18 **il polsino:** Bündchen. | **inamidato/a:** gestärkt (Kleidung). | 19 **esibirsi:** aufführen, vollführen. | **la piroetta:** Pirouette, Drehung.

nella sede centrale, a parecchie centinaia di chilometri. Mi scriveva, a volte, e non sapevo che risponderle. A scuola tutto bene, sì. Con Patrizia sempre amica, certo. In piscina avevo imparato le capriole in acqua, ma continuavo ad avere freddo. All'inizio mandava cartoline con i monumenti della città, poi devono essere finiti. Sui quaderni coloravo il sole di nero come il mio umore e la maestra ha telefonato a casa per chiedere se ci era morto qualcuno. La media della mia pagella era dieci, nella cura minuziosa dei compiti assegnati occupavo il tempo svuotato da Lidia.

È tornata in agosto per le ferie, ma avevo paura di essere ancora felice con lei. Siamo scese alla solita spiaggia e si è scottata nonostante le creme che aveva acquistato con lo sconto per i dipendenti. Ai bagnanti abituali che la salutavano parlava già con il falso accento settentrionale degli emigranti. Mi sono vergognata al suo posto e ho cominciato a uccidere la nostalgia.

Solo un'altra volta l'ho vista prima che decidessero di darmi indietro. Ha premuto il campanello e ho aperto a una sconosciuta dai capelli tinti e stirati. Portava attaccata alle gambe una bambina che non ero io.

Nel buio con Adriana, ho immaginato che Lidia avrebbe potuto salvarmi, magari prendermi un po' con sé, lì al Nord. Ma aveva cambiato città e non sapevo più come rintracciarla. Era ancora troppo presto per immaginare una salvezza diversa.

1 **la sede centrale:** Hauptsitz. | 4 **la capriola:** Purzelbaum. | 6 **colorare:** bemalen, ausmalen. | 9 **minuzioso/a:** eingehend, haargenau. | 20 **tinto/a** (*tịngere*): gefärbt, getönt. | **stirato/a:** geglättet. | 24 f. **rintracciare qu/qc:** jdn./etwas ausfindig machen. | 25 f. **la salvezza:** Rettung.

12.

Hanno spento la luce e si sono messi a letto con un salto. Sergio ha zittito il fratello proprio mentre entravo in camera, ma ancora gli scappavano certe risatine soffocate sui cuscini. Vincenzo era fuori dal pomeriggio e Adriana ancora di là, con il piccolo in braccio. Mi sono spogliata al buio e in quel silenzio carico mi sono infilata tra le lenzuola. Con il piede ho trovato qualcosa di vivo, che si muoveva e frullava, caldo e peloso. Ho sentito insieme il mio urlo, punture ripetute alla caviglia, i due che sghignazzavano. Non so come ho raggiunto l'interruttore, mi sono voltata a guardare verso il letto. Un piccione girava su se stesso zampettando, ruotava intorno all'ala intera, distesa come se potesse bastargli per volare. L'altra era spezzata vicino al corpo. I suoi escrementi sul lenzuolo nuovo. È arrivato al bordo del materasso ed è caduto giù, sbattendo il petto.

I fratelli si erano seduti e ridevano sguaiati, si colpivano le cosce con manate potenti e gli scendevano le lacrime. L'animale ha continuato a provarci, sul pavimento, tentava di sollevarsi. Stanco dello spettacolo, Sergio lo ha preso dall'ala sana e l'ha scaraventato dalla finestra. La certezza che l'altra gliel'avesse rotta lui, l'ho avuta in quel momento.

Gli ho gridato troppo da vicino il mostro che era e gli ho

4 **la risatina** (dim.): *il riso* (pl. *le risa*): Lachen. | 7 **infilarsi (da qualche parte):** (irgendwohin) kriechen. | 8 f. **frullare:** durch die Luft schwirren, flattern. | 12 **zampettare:** trippeln. | 14 **spezzare:** (zer)brechen. | 17 **sguaiato/a:** ausgelassen, schallend. | 21 **scaraventare:** schleudern.

graffiato a fondo la faccia con tutte le unghie, lasciandogli sulla pelle solchi da cui subito è affiorato il sangue. Non si è difeso, non mi ha colpita, ha riso ancora forzando un po' il tono per dimostrarmi che non potevo fargli male. L'altro saltava sui letti come una scimmia, imitava il verso dei piccioni.

Il padre è venuto a vedere. Prima di capire cos'era successo ha distribuito a caso qualche sberla a tutti e due, tanto per calmarli. Per un tacito accordo, i maschi li picchiava sempre lui da quando erano così cresciuti che alla moglie non bastavano più le forze. Lei si occupava di Adriana, con una dose più o meno giornaliera.

– Era un piccolo scherzo, – si è giustificato Sergio, – di notte essa strilla per senza niente, e ci sveglia. Mo l'ho fatta strilla' di paura.

Il giorno dopo aiutavo a piegare le lenzuola già asciugate.

– Attenta alle scatapuzze, – ha detto la madre scacciandone una bella verde. – Non so perché gli piace mettersi in mezzo ai panni stesi –. Poi è passata con naturalezza dalle cimici ai figli: – 'Sto secondo m'è uscito proprio storto. Quell'altro ogni tanto se ne scappa, ma non è troppo birbone.

– Non mi vogliono, in questa casa, per quello mi tormentano. Perché non mi rimandate dove stavo?

– Piano piano s'abitua pure Sergio. Tu però cerca di non grida' quando dormi, che gli sposti il nervoso.

1 **graffiare:** zerkratzen. | 2 **il solco:** Furche. | 7 **la sberla:** Ohrfeige. | 8 **tạcito/a:** stillschweigend. | 11 **giornaliero/a:** täglich. | 16 **la scatapuzza** (dial.): (grüne) Stinkwanze. | 16 f. **scacciare:** verjagen. | 19 **la cịmice:** Wanze. | **uscire storto/a:** missraten. | 20 f. **birbone/a** (fam.): abscheulich, spitzbübisch. | 25 **spostare il nervoso a qu:** jdn. nervös machen.

Si è fermata un attimo, con la pila della biancheria tra le mani. Mi ha guardato negli occhi, una delle rare volte, come seguendo un pensiero.

– Che te lo ricordi quando ci siamo incontrate allo sposalizio? Potevi tenere sei, sette anni.

Mi ha riaperto la memoria con una frustata.

– Ricordo qualcosa, solo che qui sei diversa, con i vestiti di tutti i giorni. Quella volta eri elegante, – ho ammesso.

– Non sai a quante occasioni me lo so' sfruttato quel completo. A un certo punto m'ero un po' ingrassata e tenevo paura che saltavano le cuciture, – ha sorriso. – Era una domenica di giugno, gli sposi avevano perso tempo con tutte quelle fotografie, – ha cominciato a raccontare. – C'era venuta una fame, alle tre stavamo ancora a cerca' i posti al ristorante. Mi giro di botto e ti vedo, non ti potevo riconoscere per quanto ti eri fatta grande e bella.

– E chi te l'ha detto che ero io?

– Prima di tutto me lo so' sentito e poi ci stava Adalgisa, no? Chiacchierava con una parente e non si è accorta subito di me. Io ti ho chiamata e hai alzato la coccia. Sei rimasta a bocca aperta, forse perché mi scappavano le lacrime.

Oggi chiederei ogni minimo dettaglio di quell'incontro, ma allora ero troppo confusa. Lei ha continuato da sola, i panni li aveva appoggiati su una sedia.

– Appena mi ha vista, Adalgisa si è messa in mezzo, tra me e te. Ma tu t'affacciavi da dietro a essa con quella coccetta curiosa e mi guardavi.

1 **la pila:** Stapel, Stoß. | 4 f. **lo sposalizio:** Hochzeit, Trauung. | 6 **la frustata:** Peitschenhieb. | 9 **so'** (dial.): *sono.* | 10 **il completo:** Kostüm. | 15 **di botto:** plötzlich, abrupt. | 25 **mẹttersi in mezzo:** sich dazwischenstellen. | 26 f. **la coccetta** (dial., dim.): *la coccia.*

Guardavo di traverso alla sua fronte un ciuffo bianco prima del tempo, come un segno di riconoscimento tutto suo. Quando le sono stata restituita cominciava già a mimetizzarsi tra i capelli di un grigio precoce e si sarebbe poi perso nel bianco totale.

Quel giorno al matrimonio non sapevo ancora niente. I miei padri erano cugini alla lontana, portavo il loro cognome. Nel mese dello svezzamento le due famiglie si erano spartite la mia vita a parole, senza accordi precisi, senza chiedersi quanto avrei pagato la loro vaghezza.

– Non potevo parla' troppo, che eri piccola, però gliele ho cantate a tua zia.

– Perché?

– Aveva giurato che venivate sempre qua da noi, che ti crescevamo insieme. Invece t'abbiamo rivista solo alla festa tua di un anno, siamo scesi noi alla città –. Le è mancata la voce, per alcuni istanti. – Ma dopo avete cambiato casa e nessuno c'ha avvertito.

Ero attenta, tesa al suo racconto, ma non volevo fidarmi di lei. L'aveva detto anche Adriana, proprio il giorno del mio arrivo lì, che non c'era tanto da crederle.

– Essa ha pigliato la scusa che teneva la cognata ammalata e non la poteva lasciare, ma proprio mentre la nominava Lidia è venuta a salutarmi tutta bella e in salute.

1 **di traverso:** quer. | **il ciuffo:** Strähne. | 2 **il segno di riconoscimento:** Erkennungszeichen. | 4 **precoce** (agg.): frühzeitig, vorzeitig. | 8 **lo svezzamento:** Entwöhnung (eines Säuglings). | 9 **spartire:** aufteilen. | 10 **la vaghezza:** Unbestimmtheit. | 11 f. **cantarla (chiara) a qu:** jdm. gegenüber kein Blatt vor den Mund nehmen. | 14 f. **crẹscere qu:** jdn. großziehen. | 18 **avvertire:** verständigen, Bescheid sagen.

– Lidia soffriva d'asma, a volte dovevano portarla al pronto soccorso, – ho replicato secca.

Mi ha guardata e non ha aggiunto altro. Ha capito da quale parte stavo. Si è ripresa la pila dei panni dalla sedia e li ha portati nella sua camera.

2 **replicare:** erwidern, kontern.

13.

Dopo la mia lettera senza risposta, dovevano esserci stati nuovi accordi che non conoscevo. Al sabato la madre del paese era tenuta a consegnarmi una piccola somma, proveniente chissà come da quella del mare. A stringerla tra le mani, a volte un po' diminuita da chi me la porgeva, mi sentivo rassicurata sulla salute della mamma lontana, forse stava migliorando. E io ero sempre nei suoi pensieri. Credevo di ricevere insieme alle monete il calore del suo palmo, conservato nel metallo delle cento lire, quasi che davvero le avesse toccate.

Scambiavo un cenno d'intesa con Adriana e ce ne andavamo alla cantina di Ernesto. Aprivo il frigorifero dei gelati e cercavo tra il vapore freddo e bianco. Due granulati, al cioccolato per me e all'amarena per lei, ce li mangiavamo lì fuori, sedute a un tavolino come i vecchi intenti a giocare a briscola. Il resto lo mettevo da parte, a volte ricompravo anche il ciuccio a Giuseppe che lo perdeva di continuo.

In poche settimane ho raggranellato i soldi sufficienti per i biglietti dell'autobus e qualche panino. Adriana si è spaventata quando gliel'ho detto, allora abbiamo proposto a

4f. **provenire da qc:** aus etwas herkommen. | 6 **pọrgere:** (über)reichen. | 6f. **sentirsi rassicurato/a:** sich beruhigt fühlen. | 12 **il cenno:** Wink. | **l'intesa:** Einverständnis. | 14 **il granulato:** »Granulato«, mit Crisps versehene Eiszubereitung. | 15 **l'amarena:** Sauerkirsche, eingelegte Amarena-Kirsche. | 16 **intento/a a fare qc:** konzentriert auf etwas, vertieft in etwas. | 16f. **giocare a brịscola:** Briskola (ital.) spielen. | 18 **il ciuccio** (fam.): Schnuller. | 19 **raggranellare:** zusammenkratzen, -sparen.

Vincenzo di accompagnarci. Finiva la sua sigaretta in fondo al piazzale, prima di risalire a cena. Ha soffiato il fumo a occhi chiusi, come quando rifletteva.

– Vabbe', ma alla casa non l'ha da sapere nessuno dove andiamo, – ha concesso a sorpresa. – Gli spariamo che venite con me a fatica' in campagna, tanto non gliene frega niente, – ha aggiunto con uno sguardo nero verso il secondo piano.

Siamo saliti all'alba sull'autobus per la città. Adriana non l'aveva mai vista, Vincenzo solo certi quartieri periferici dove i suoi amici zingari si accampavano con le giostre. La fermata era a un passo dallo stabilimento balneare dove avevo trascorso tutte le mie estati. Dalla nostra ombra profumata di crema io e mia madre guardavamo le frotte di bagnanti in marcia verso il tratto di spiaggia libera oltre la recinzione di corda. In quei giorni di fine stagione avremmo gustato l'uva, piluccando un chicco per volta dai grappoli che lei portava per merenda.

Non c'era ancora nessuno, così presto. Una ragazza nuova spazzava la passerella di cemento tra il marciapiede e l'ingresso del bar. Il bagnino apriva gli ombrelloni a spicchi gialli e verdi, uno scatto metallico dietro l'altro. Il mio no, nella prima fila, come se sapesse che non sarebbe servito.

4 **vabbe'** (fam.): na gut! | 5 **a sorpresa:** unangekündigt, überraschenderweise. | **sparare** (fam.): hier: behaupten, auftischen. | 10 **perifẹrico/a:** vorstädtisch, Vorstadt-. | 12 **lo stabilimento balneare:** Badeanstalt, Strandbad. | 13 f. **profumato/a:** wohlriechend, duftend. | 14 **la frotta:** Schar. | 15 f. **la recinzione:** Umfriedung, Absperrung. | 17 **gustare:** auskosten, genießen. | **piluccare qc da qc:** etwas von etwas pulen. | **il chicco** (fam.): Beere. | **il grạppolọ:** (Wein-)Traube. | 20 **la passerella:** Steg. | 21 **il bagnino / la bagnina:** Bademeister(in). | **a spicchi:** mit einem keilförmigen Muster versehen. | 22 **lo scatto:** Ruck, Schnapper.

– Ehi, eccoti qua, dov'eri finita? – quando gli sono passata vicino. – Siete proprio scomparsi, anche tua madre non è più venuta, siete stati in vacanza da qualche parte? Comunque te lo apro subito, il numero sette.

La sedia a sdraio ha cigolato dopo il disuso. Di colpo l'uomo in canotta sbiadita si è voltato verso i due che mi seguivano a pochi metri di distanza, erano diversi dai soliti clienti.

– Sono i miei cugini, abitano in montagna, – gli ho detto piano.

Non avrebbero sentito comunque, presi dalle novità. Si sono seduti a riva, anche Vincenzo un po' intimidito. Piccole onde svogliate lambivano il bagnasciuga, senza spuma e senza voce. Il sole ancora basso sopra la linea dell'orizzonte e i gabbiani posati sugli scogli frangiflutti.

– Ma se strabocca, moriamo? – ha chiesto Adriana spaventata. Ha lasciato scorrere la sabbia sottile tra le dita, incredula. Ci siamo spogliati, lei indossava un costume che non mi entrava più e Vincenzo si è tenuto le mutande. Abbiamo appeso i vestiti alle stecche dell'ombrellone, intorno a una era annodata una fascia per i capelli che credevo di avere perso. Ecco dov'era rimasta. L'ho sciolta a fatica con le unghie mangiucchiate e l'ho messa nella borsa. Ce l'avevo da anni. Quando ero più piccola mia madre mi pettinava e

5 **cigolare:** quietschen. | **il disuso:** Ungebräuchlichkeit; hier: Unbenutztsein. | 6 **la canotta:** Unterhemd, Achselshirt. | 12 **intimidito/a:** eingeschüchtert. | 13 **lambire:** umspülen. | **il bagnasciuga:** Wasserlinie. | **la spuma:** Schaum. | 15 **il gabbiano:** Möwe. | **frangiflutti** (agg., invar.): wellenbrechend. | 16 **straboccare:** überlaufen. | 20 **la stecca:** hier: Speiche (des Sonnenschirms). | 21 **la fascia:** hier: Haarband. | 22 **sciọgliere** (*sciolto*): lösen. | 23 **mangiucchiato/a:** angeknabbert.

poi me la metteva, sfiorandomi il viso con le mani. Seduta ogni mattina sul bordo del mio letto e io in piedi di fronte a lei. Era piacevole il rumore della spazzola sulla testa, la vibrazione leggera dei denti di ferro.

Mia sorella non voleva bagnarsi neanche i piedi per paura che il mare se la tirasse dentro. Si è accoccolata all'asciutto, con il mento sulle ginocchia e lo sguardo diluito in tutto quel blu. Mi sono immersa in silenzio scivolando sott'acqua per la durata del fiato, senza turbare la superficie. Poi, con la testa fuori, ho visto la spiaggia che si popolava dei più mattinieri, Adriana raccolta su se stessa in attesa del mio ritorno, la rincorsa impetuosa di Vincenzo e il suo tuffo che alzava spruzzi nell'aria. Aveva imparato a nuotare al fiume, con gli amici. Si è diretto verso di me a forza di bracciate potenti e scomposte, tracciando un segno sul mare. È sparito un attimo quando era quasi vicino e mi ha sollevata di colpo infilandomi il collo tra le gambe. Mi sono ritrovata sulle sue spalle, lui si teneva a galla e sputacchiava in giro. Il freddo non lo sentivamo.

– Sei stata forte a portarci ecco, me la sto a spassa' un sacco, – ha detto.

È sgusciato via e si è esibito in verticali e capriole, mi

1 **sfiorare:** berühren, streifen. | 3 f. **la vibrazione:** Vibration, Rütteln. | 6 **accoccolarsi:** sich zusammenkauern. | 9 **turbare:** verstören; hier: in Unruhe versetzen, kräuseln. | 11 **il mattiniero / la mattiniera:** Frühaufsteher(in). | **raccolto/a su se stesso/a:** zusammengekauert. | 12 **la rincorsa:** Anlauf. | **impetuoso/a:** ungestüm. | 13 **lo spruzzo:** Spritzer. | 14 **dirịgersi** (*diretto*) **verso qu/qc:** auf etwas/jdn. zustreben. | **a forza di:** durch, mithilfe von. | **la bracciata:** Schwimmzug. | 14 f. **potente** (agg.): kräftig. | 15 **tracciare:** abstecken, ziehen. | 18 **sputacchiare:** spucken. | 20 **spassạrsela:** Spaß haben. | 22 **sgusciare via:** davongleiten. | **il verticale:** Handstand.

ha presa più volte per la vita e lanciata come un giocattolo. Rideva e il sale gli sbiancava le gengive. Per caso l'ho toccato con un piede all'altezza del sesso, era gonfio e turgido. Mi ha chiuso le orecchie con le mani e baciato sulle labbra, poi la sua lingua è penetrata in bocca e l'ha esplorata roteando vogliosa intorno alla mia. Aveva dimenticato chi eravamo.

Ho nuotato via, senza fretta o disgusto. Solo a riva mi sono accorta che il cuore era rimasto accelerato. Adriana seduta lì, come l'avevo lasciata. Forse non era trascorso molto tempo, anche se il mondo sembrava diverso. Mi sono stesa sulla sabbia vicino a lei, ho aspettato una nuova calma dentro il petto in disordine.

– Tengo fame, – ha detto lagnosa.

Avevo i panini nella borsa, ma per farla un po' felice l'ho portata al bar a prendere una pizzetta e la Coca-Cola, con le ultime monete. Quando siamo tornate all'ombrellone, Vincenzo usciva stanco dall'acqua, come un dio rozzo e selvatico sceso al mare per un unico giorno. Se ricordo il suo passo fiacco, la distesa azzurra era rimasta fecondata. Qualcuno lo notava, le mutande gli aderivano troppo alle forme del corpo e si erano abbassate a scoprire una striscia di peli. Ma non c'era più la folla sudata di agosto nello scorcio sereno di estate. Potevo, ormai clandestina sulla spiaggia che mi

2 **sbiancare:** weiß machen. | 3 **turgido/a:** prall, geschwollen. | 5 **penetrare:** eindringen. | **esplorare:** erforschen. | **roteare:** kreisen. | 6 **voglioso/a:** gierig, lüstern. | 12 **(essere) in disordine:** durcheinander (sein). | 13 **lagnoso/a:** jammernd, klagend. | 15 **la pizzetta** (dim.): *la pizza*. | 17 **rozzo/a:** rüde, derb. | 17f. **selvatico/a:** wild. | 19 **fiacco/a:** matt, lasch. | **la distesa:** Fläche, Weite. | **fecondare:** befruchten. | 20 **aderire:** eng anliegen. | 22 **lo scorcio:** Zeitabschnitt, Ausgang, Ende. | 23 **clandestino/a:** heimlich.

aveva cresciuta, evitare di farmi riconoscere dai bagnanti abituali. Anche io e Vincenzo ci siamo evitati, per il resto delle ore. Ho messo in vista i panini senza dire niente. Ho accompagnato Adriana all'altalena e mi sono allontanata con un pretesto.

È bastato attraversare, imboccare la strada quasi di fronte. Ho costeggiato la recinzione del giardino, guardando i segni dell'abbandono. Una sedia capovolta dal vento, sul tavolo che apparecchiavamo per le cene all'aperto le prime foglie cadute. Uno straccio impigliato nelle spine della rosa, la pianta preferita di mia madre – nel mese di maggio si appuntava un bocciolo al petto prima di uscire. L'erba alta e i fiori morti di sete. Sono arrivata al cancello con il piombo nei piedi. La cassetta della posta non troppo intasata, forse qualcuno ritirava le lettere di tanto in tanto, anche la mia era stata ricevuta. Il vialetto invaso dalla sabbia delle libecciate, le tapparelle tutte giù, come quando partivamo per le vacanze. Al riparo della tettoia la mia bicicletta, con una gomma sgonfia. Ho suonato nel vuoto delle stanze e dopo un'attesa inutile ho ripetuto più volte e a lungo. Mi sono appoggiata con la fronte al pulsante e sono rimasta così fino a quando il calore è diventato insopportabile. Sono tornata indietro di corsa, rischiando di essere investita. Mi sono seduta all'ombra delle cabine.

2 **abituale** (agg.): üblich. | 4 **l'altalena:** Schaukel. | 6 **imboccare:** einbiegen. | 7 **costeggiare:** entlanggehen. | 10 **lo straccio:** Lappen. | **impigliato/a:** verstrickt, verheddert. | 11 f. **appuntarsi qc:** sich etwas anstecken. | 12 **il bocciolo:** Knospe. | 14 **intasato/a:** verstopft. | 16 **il vialetto:** Pfad, schmale Straße. | **invạdere** (*invaso*): eindringen, stürmen. | 18 **la tettoia:** Überdachung. | 19 **sgonfio/a:** platt. | 21 **il pulsante:** (Klingel-)Knopf. | 23 **investito/a:** überfahren.

Doveva essere morta davvero, come nel mio sogno, come i suoi tulipani, altrimenti non avrebbe abbandonato la casa. Ma era stata lei a mandarmi al paese il letto a castello con tutto il resto, e l'altra madre aveva raccontato che si erano parlate per telefono. Allora perché non parlava anche con me? Dov'era? Magari non voleva impressionarmi con una voce malata, da un ospedale lontano. E se invece mio padre fosse stato trasferito in un'altra città? Lo diceva che era possibile. No, mi avrebbero portato con loro ovunque. E Lidia sapeva? Sapeva e non mi cercava? Non si sentivano spesso, però. Poco prima di trasferirsi al Nord ne aveva combinata una delle sue e forse mia madre non l'aveva mai perdonata del tutto.

Lidia aveva conosciuto la ballerina che abitava la mansarda del palazzo di fronte, a volte chiacchieravano di nascosto attraverso il cancello del nostro giardino. Lili Rose lavorava in un locale notturno della riviera e dormiva fino al pomeriggio. Ogni tanto distinti signori suonavano circospetti il suo campanello. A Lidia non era permesso neanche salutarla, per paura del contagio.

Ma una domenica di afa i miei genitori erano andati a un funerale e ci avevano lasciate a casa. Lili Rose era venuta a chiedere se mancava l'acqua corrente anche da noi, i suoi rubinetti erano a secco. Sugli occhi sfatti per il trucco della sera prima la matassa dei capelli decolorati, addosso un ve-

11 f. **combinarne una della sue** (fam.): etwas (für eine Person Typisches) anstellen. | 14 f. **la mansarda:** Dachwohnung. | 15 **di nascosto:** heimlich. | 18 **distinto/a:** vornehm. | **circospetto/a:** umsichtig. | 20 **il contagio:** Ansteckung. | 24 **il rubinetto:** Wasserhahn. | **sfatto/a:** hier: verschmiert. | 25 **la matassa:** Strähne; hier: Gewirr. | **decolorato/a:** ausgeblichen, farblos.

stito minimo. Lidia l'aveva invitata a entrare, le aveva offerto una bevanda fresca e poi una doccia. Lili Rose era uscita dal bagno scalza e gocciolante, con l'accappatoio di mia madre mezzo aperto davanti.

Avevano cominciato a ballare nel salotto, all'inizio composte, poi sempre più avvinghiate, sui ritmi lenti e sensuali di certi dischi. Con il bacino in avanti Lili Rose insegnava come muoversi e strusciarsi al corpo di un uomo. Allungava la gamba nello spacco di spugna e la strofinava contro quella di Lidia, ma così, per ridere. Man mano che i minuti trascorrevano, mi sentivo un po' inquieta e guardavo verso la porta, loro invece no. Avevano spostato il tavolino basso ed erano passate a shake frenetici e martellanti, agitandosi come possedute. Lidia si era tolta la maglietta sudata, restando in pantaloncini corti e reggiseno. Alla fine di un quarantacinque giri erano crollate una sopra l'altra sul divano, ansimanti. La cintura dell'accappatoio si era sciolta intorno alla vita di Lili Rose e la mostrava.

Mia madre le aveva trovate così, rientrando in anticipo dal funerale.

Sono rimasta dietro le cabine. Adriana in lacrime mi ha incontrata per caso, vagando. Forse era volata dall'altalena,

3 **gocciolante** (agg.): triefend. | **l'accappatoio:** Bademantel. | 6 **avvinghiare:** umklammern. | 7 **il bacino:** Becken. | 8 **strusciarsi a qu/qc:** sich an jdn./etwas schmiegen. | 9 **lo spacco:** Schlitz. | **la spugna:** Frottee. | 10 **man mano:** allmählich. | 11 **inquieto/a:** unruhig. | 13 **frenẹtico/a:** hektisch, wild. | **martellante** (agg.): hämmernd. | 14 **posseduto/a** (fig.): besessen. | 15 **i pantaloncini:** Shorts. | 16 **il quarantacinque giri:** Single(-Schallplatte). | **crollare:** zusammenbrechen. | 17 **ansimante** (agg.): keuchend. | 22 **vagare:** umherstreifen.

non si era nemmeno ripulita le labbra e il naso dalla sabbia. In quell'ambiente estraneo era inerme, non aveva ritrovato l'ombrellone in prima fila dove avrebbe potuto aspettarmi insieme al fratello.

– Non sono caduta da sola, mi hanno spinta quelli là, – si è lamentata quando lo abbiamo raggiunto. – Hanno detto che io non ci vengo mai a questa spiaggia e non ci potevo stare sull'altalena –. Gli ha indicato dei ragazzini che si aggiravano nell'area dei giochi.

Lui è partito alla carica come un toro, non so se si sono scambiati qualche parola o se hanno subito cominciato a picchiarsi. Adriana e io siamo arrivate che già si rotolavano a terra, avvinghiati come statue di sabbia tutti contro uno, il nostro. Abbiamo chiamato il titolare dello stabilimento, gli ha gridato e li ha separati. Ma poi, a parte, mi ha detto di non portarlo più quel mezzo zingaro in mutande, chi era? Di certo non un parente di una famiglia così per bene, mio padre addirittura carabiniere.

Vincenzo si è lavato nell'acqua bassa, senza godersi il bagno. A metà pomeriggio mangiavano il melone, agli ombrelloni vicini, e ci guardavano. È passato l'uomo con il fischietto, camminava lungo la riva strillando cocco fresco.

– Ma vende le uova di oggi? – si è stupita Adriana.

– No, è un frutto esotico, – ma non mi bastavano gli spiccioli.

Lui ha sorriso della curiosità di mia sorella che si era

2 **inerme** (agg.): wehrlos. | 8 f. **aggirarsi:** sich herumtreiben. | 10 **partire alla cạrica:** zum Angriff übergehen. | 12 **rotolarsi:** sich wälzen. | 15 **a parte:** extra, getrennt. | 22 **il fischietto** (dim.): Trillerpfeife (*il fischio:* Pfiff, Pfeife). | **il cocco:** Kokosnuss.

avvicinata al secchio e le ha regalato un pezzo, piccolo però, per il suo primo assaggio.

Ci siamo rivestiti e avviati verso la pensilina dell'autobus, per un attimo ho creduto di sentire alle nostre spalle un generale respiro di sollievo. Dal finestrino ho salutato il palazzo di cinque piani dove abitava Patrizia e in silenzio le ho promesso di tornare a trovarla.

– Rivengo con il pullman più tardi, vado un momento da certi compagni, – ha detto Vincenzo alzandosi di scatto per scendere a una delle fermate in periferia. A vederlo tutto pesto sul marciapiede attraverso il vetro impolverato, non sapevo più cosa provavo per lui. Si è messo un indice sulle labbra guardandomi mentre l'autista ripartiva, e non so se voleva mandare un bacio o dirmi di tacere.

Adriana ha dormito fino all'arrivo in paese, ma poi di notte si è lamentata per il fastidio delle scottature. A casa nessuno le ha notate, la madre ci ha solo chiesto se avevamo portato un po' di frutta dalla campagna. Vincenzo è tornato dopo due giorni e il padre non lo ha punito, forse non se n'era nemmeno accorto o ci aveva rinunciato a correggere quel figlio, ormai.

2 **l'assaggio:** Kostprobe. | 3 **la pensilina:** Schutzdach. | 11 **pesto/a:** zerstoßen, zerschlagen. | **impolverato/a:** staubig, angestaubt.

14.

– Cala, che devi vede' una cosa, vieni dietro alla rimessa, – mi aveva chiamato da sotto la finestra.

Sono scesa un po' più tardi con Adriana e lui mi ha guardato storto.

L'ha mandata a comprargli le sigarette in piazza, il resto poteva tenerlo. Doveva avere parecchi soldi in tasca, Vincenzo, mentre prendeva le monete gli è caduta una banconota. Con una sola occhiata ha fermato la mia intenzione di seguire Adriana.

– È ancora troppo bambina, non sa tenere il segreto, – ha detto quando lei ha svoltato l'angolo. – Mo aspettami qua.

È tornato presto, con quel suo modo sospettoso di guardarsi le spalle da una parte e dall'altra. Ha estratto da sotto l'ascella un sacchetto di velluto blu e si è inginocchiato a terra per aprirlo e mostrarmi il suo tesoro. Come sul banco di una gioielleria, ha allineato i pezzi sulla striscia di cemento che circondava la palazzina. Dovevano essere usati, la brillantezza appariva un po' attenuata. Con le dita più delicate che poteva ha sciolto il groviglio tra due collane e le ha deposte una accanto all'altra. Alla fine ha ammirato compiaciuto la sua piccola esposizione di bracciali, anelli e cate-

2 **calare:** hier: runterkommen. | 13 **sospettoso/a:** misstrauisch, argwöhnisch. | 15 **inginocchiarsi:** sich hinknien. | 17 **la gioielleria:** Juwelierladen. | **allineare:** aneinanderreihen. | 19 **la brillantezza:** Glanz. | **attenuato/a:** gedämpft, matt. | 20 **il groviglio:** Knäuel. | 21 f. **compiaciuto/a:** zufrieden, selbstgefällig. | 22 **il bracciale:** Armreif. | 22 f. **la catenina** (dim.): *la catena.*

nine con o senza ciondolo, prima di girarsi verso l'effetto dello spettacolo d'oro su di me. Si è stupito di trovarmi zitta e preoccupata.

– Che ti piglia, non ti piacciono? – ha chiesto, alzandosi deluso.

– Dove li hai presi?

– Non li ho presi, mi c'hanno pagato, con questi, – si è giustificato con una smorfia da bambino offeso.

– Quelli valgono un mucchio di soldi. È impossibile guadagnare tanto in due giorni.

– I compagni miei prima che me ne andavo m'hanno voluto ringrazia'. Io li avevo aiutati così, per senza niente.

– Adesso che te ne fai di quella roba? – ho insistito.

– Me la rivendo, – ed è tornato in ginocchio per raccogliere i gioielli.

– Sei matto? Se ti beccano con la merce rubata, finisci al riformatorio.

– Ooooh, ma che ne sai tu? Chi te l'ha detto che sono rubati, eh? – e si è voltato a mostrarmi due bracciali che teneva nella mano tremante. Anche le narici gli fremevano sopra i baffetti nuovi.

– Si capisce. E poi mio padre fa il carabiniere, lo racconta sempre degli zingari che rubano nelle case –. Mi è sfuggito così, sbagliavo ancora nel nominare i genitori adottivi.

– Scì, beata te, stai a pensa' al padre carabiniere. Quello, tuo zio, manco si ricorda di te. Non viene manco a vede' se ti ci trovi bene ecco al paese.

1 **il ciọndolo:** Anhänger. | 8 **la smorfia:** Grimasse. | 14 **rivẹndere:** weiterverkaufen. | 16 **beccare** (fam.): erwischen. | 17 **il riformatorio:** Erziehungsanstalt. | 21 **i baffetti** (dim.): *i baffi.* | 25 **beato/a:** glücklich, selig.

Le lacrime mi sono colate alla sprovvista, non le ho sentite arrivare. Vincenzo aveva parlato come Sergio, ma si è subito alzato ed è venuto vicino. Mi ha asciugato il viso con ruvide passate dei pollici e ha ripetuto di no, con la testa e la voce contrita, di non piangere, che lui non lo sopportava. Aspetta, aspetta, ha detto, e ha finito di raccogliere i suoi gioielli e riporli nel sacchetto blu. Tutti tranne uno.

– T'avevo chiamata per darti questo, prima, ma mi hai fatto incazzare … – e si è accostato con un cuore prezioso appeso a un girocollo.

Mi sono spostata con uno scarto istintivo, un passo indietro e di lato, ed è rimasto con il laccio d'oro sospeso a mezz'aria, il ciondolo oscillante. La fronte gli si è contratta in una folla di rughe tempestose, la bocca ridotta a un taglio dritto. Sulla tempia la lisca di pesce pulsava, rossa di rabbia appena riaccesa. Ma gli ho riconosciuto negli occhi anche uno stupore doloroso, indifeso. Sono tornata avanti di un passo uguale e contrario, ho sollevato il mento per ricevere il dono. Il contatto delle mani stranamente abili nel chiudermi la catenina dietro la nuca senza guardare. Sul mio petto momenti di fresco a forma di cuore, poi il metallo si è scaldato dal sangue profondo che lo muoveva a piccoli scatti frequenti e regolari.

– Ti sta proprio bello, – ha detto Vincenzo, la voce di gola.

1 **alla sprovvista:** überraschend, unversehens. | 5 **contrito/a:** zerknirscht. | 9 **incazzare** (fam., volg.): verärgern. | 10 **il girocollo:** Rundausschnitt; hier: kurze Halskette. | 12 **di lato:** zur Seite. | **il laccio:** Schlinge. | 13 **oscillante** (agg.): schwingend, schwankend. | 14 **tempestoso/a:** stürmisch. | 16 **riaccẹndere** (*riacceso*): wieder entfachen. | 17 **indifeso/a:** hilflos. | 20 **la nuca:** Nacken. | 24 f. **la voce di gola:** kehlige Stimme.

Con dita lente ha riprodotto più ampio sulla mia pelle il contorno del ciondolo, poi voleva scendere verso i seni.

– Eccoti le sigarette, – è arrivata di corsa Adriana.

Si è fermata di botto, non so cosa ha visto.

– Le sigarette ... – ha ripetuto piano tendendogli incerta il pacchetto.

Teneva ancora tra i denti lo stecco del granulato all'amarena che si era presa con il resto. Mi sono girata di spalle e slacciata il regalo dal collo, l'ho nascosto in tasca. Non l'avrei messo quasi mai, eppure ancora adesso lo conservo, un oggetto forse rubato. Non so come ho potuto salvarlo da venti anni di vita, portandolo ovunque con me. Ci tengo. L'ho usato come talismano in alcune occasioni, l'esame di maturità, qualche appuntamento importante. Lo indosserò di nuovo al matrimonio di Adriana, se è vero che vuole sposarsi. Chissà di chi era una volta, questo cuore.

Evitavo di restare sola con Vincenzo, in quei giorni, ma quando lo vedevo apparire uno spasmo interno mi strizzava i visceri e subito una specie di languore allagava la pancia. Verso sera entravano i suoi fischi di richiamo dalle finestre sul lato della rimessa, occorreva uno sforzo della volontà per ignorarli. Dopo un'attesa breve e sprecata rientrava muto, furibondo, sbattendo la porta. Emanava una corrente che provocava la caduta improvvisa di una pentola dal gancio sulla parete, il pianto senza motivo di Giuseppe, un mal di testa inspiegabile di Adriana. Io resistevo, a distanza.

1 **riprodurre** (*riproduco, riprodotto*): hier: nachzeichnen. | 9 **slacciare:** lösen. | 19 **il vịscere:** Gedärm, Eingeweide. | **il languore:** Sehnsucht. | **allagare:** überfluten. | 20 **il richiamo:** Lockruf. | 21 f. **lo sforzo della volontà:** Willensanstrengung. | 23 **furibondo/a:** rasend, fuchsteufelswild.

Gli spiccioli del sabato bastavano per il biglietto dell'autobus. Ai genitori ho detto la verità, che volevo andare al compleanno di un'amica di prima. Ho chiesto anche di rimanere a dormire. Si sono guardati un momento, con quell'incertezza apatica.

– Io non ti posso porta', la macchina non mi parte, – è stato il permesso del padre. Dal suono estraneo della sua voce ho realizzato che non parlava quasi mai.

La mattina sono scesa presto, dalla finestra avevo visto sulla scarpata dietro la palazzina qualcosa di colorato da cogliere per Patrizia. Altro non potevo regalarle. Erano denti di leone e modesti fiori pure gialli che mandavano odore di rape. Ho legato il mazzetto con un filo e sono tornata sopra a prepararmi. Adriana non sapeva niente, quando ha capito dove andavo senza di lei è corsa in camera a prendere un disegno che le avevo fatto e me l'ha strappato sotto il naso. A sorpresa la madre ha voluto accompagnarmi in piazza alla fermata del pullman, con il piccolo in braccio. Gli ho detto ciao dal finestrino e lui muoveva le mani in quel suo modo ripetitivo, non sembravano saluti.

Durante il viaggio i fiori si sono afflosciati e qualcuno li guardava dai sedili vicini, forse per via dell'odore. Nell'attesa che si aprisse la porta al quinto piano del palazzo lungo la riviera nord, non sapevo nemmeno più se darglieli, alla mia amica.

Mi è saltata addosso e ha urlato di gioia, i cani abbaiavano

5 **l'incertezza:** Unsicherheit. | **apạtico/a:** gleichgültig, interesselos. | 11 f. **il dente di leone:** Löwenzahn. | 13 **la rape:** Rübe. | **il mazzetto** (dim.): *il mazzo.* | **il filo:** Faden. | 20 **ripetitivo/a:** sich wiederholend, einförmig. | 21 **afflosciarsi:** erschlaffen. | 22 **per via di:** wegen. | 26 **abbaiare:** bellen.

per l'agitazione e il gatto è venuto a vedere. A occhi bassi mi sono scusata per la pochezza del dono, ma lei ha giurato saltellando che il più bel regalo tra quelli ricevuti ero io.

Siamo state sole tutta la mattina parlando di continuo, ma io un po' meno. Mi vergognavo di riferirle la mia nuova vita e allora le chiedevo disperatamente della sua. Ritrovavo gli odori della casa, di cannella in cucina, il sudore un po' aspro di Patrizia nella camera e in bagno il profumo numero cinque della mamma che lo indossava sempre prima di andare in ufficio. Ero in ritardo di un giorno sulla festa di compleanno, ma in frigorifero c'erano deliziosi avanzi salati e dolci che abbiamo sbocconcellato sdraiate sul letto per ore. Pat raccontava delle gare di nuoto vinte, io sarei arrivata terza o quarta se avessi partecipato. Abbiamo riso del ragazzino dal naso lungo che ci provava con lei già da mesi.

– Come fa poi a baciarmi con quella proboscide? – si domandava, incerta se concedergli una possibilità.

«Quando non c'eri ...», così iniziava il resoconto di ogni episodio, come se la mia assenza fosse ormai un capitolo chiuso.

2 **la pochezza:** Bescheidenheit, Spärlichkeit. | **il dono:** Gabe. | 2f. **saltellare:** herumhüpfen. | 7 **la cannella:** Zimt. | 8 **aspro/a:** herb. | 8f. **il profumo nụmero cinque:** Parfümsorte, gemeint ist vermutlich Chanel No. 5. | 12 **sbocconcellare:** knabbern. | 15 **provarci con qu:** mit jdm. anzubändeln versuchen. | 16 **la probọscide:** Rüssel; hier (fig.): Gesichtserker. | 18 **il resoconto:** Bericht. | 19 **l'episodio:** Vorfall.

15.

Il gatto miagolava strusciandosi alla padrona, ma riceveva una carezza distratta e niente da mangiare. Avevamo dimenticato il giorno che scorreva, Pat era rimasta in pigiama. Il rumore della porta e poi delle chiavi poggiate sulla mensola nell'ingresso ci ha infine distolte dal nostro mondo a due già ricostruito. Vanda si è commossa e mi ha tenuto stretta a lungo, attaccandomi il profumo francese. Ho chiuso gli occhi, perduta nell'abbraccio della camicia di lino bianco finché è durato. Ha capito che non portavo rancore, le avevo perdonato senza pensarci il rifiuto di nascondermi in casa sua.

– Lasciati guardare, – ha detto dopo, scostandosi di un passo.

Mi ha trovata ancora cresciuta in altezza e solo un po' dimagrita. Per caso aveva preso proprio quel giorno in rosticceria le melanzane alla parmigiana, uno dei miei piatti preferiti. Mentre masticavo mi osservava sorridendo, aveva rinunciato alla sua porzione con il pretesto di una dieta già troppo rinviata. Nel frattempo il padre di Pat ha telefonato, non l'avremmo visto fino a sera. Ho mangiato anche la sua parte e ripulito a fondo il piatto con il pane. La mia amica si è stupita, una volta non lo facevo.

2 **miagolare:** miauen, maunzen. | 5 **poggiare qc su qc:** etwas auf etwas hinlegen. | 5 f. **la mẹnsola:** Ablage. | 9 **l'abbraccio:** Umarmung. | 10 **portare rancore** (m.): Groll hegen. | 17 **le melanzane alla parmigiana:** Rezept aus Süditalien; geschichteter, mit Parmesan überbackener Auberginen-Auflauf.

– In paese si usa così, – ho spiegato a disagio.

Vanda era dolcemente curiosa della mia famiglia naturale e io meno evasiva, con lei. Un po' abbassavo la guardia, poi all'improvviso tornavo a vergognarmi. Con quella vergogna ho cominciato a riconoscere i miei primi genitori.

Ho elencato i nomi degli altri figli, raccontando qualcosa di Adriana e Giuseppe. Non sapevo di descriverli con pena e tenerezza, loro due, soprattutto lei. Mia sorella, la chiamavo. Di Vincenzo non ho detto niente.

– E i tuoi? – alla fine c'è arrivata.

– Non li ho più sentiti, dopo che mio padre mi ha portato lì.

– No, intendevo quelli con cui stai adesso.

– Lui lavora alla fornace dei mattoni, ma non sempre, credo, – e mi sono interrotta. Ho chiesto scusa e sono andata in bagno con urgenza, ma solo per chiudermi dentro e aspettare un po', annusando flaconi profumati. Ho scaricato l'acqua a vuoto e sono tornata di là. Come pensavo, Vanda era ormai presa da altro.

Più tardi Patrizia le ha chiesto di accompagnarci al porto a vedere la processione delle barche, c'era la festa della marineria locale. Dopo la messa nella chiesa più vicina, l'ammiraglia tutta inghirlandata di fiori è partita con la statua del santo e il prete, dietro la seguiva la flottiglia dei pescherecci, fino ai più piccoli, pure addobbati con le bandierine

3 **evasivo/a:** ausweichend. | 8 **la tenerezza:** Zärtlichkeit. | 14 **la fornace:** Brennofen. | **il mattone:** Ziegel. | 17 f. **scaricare l'acqua:** die Klospülung betätigen. | 21 f. **la marineria:** Seestreitkräfte, Marine. | 22 f. **l'ammiraglia:** Flaggschiff. | 23 **inghirlandato/a:** geschmückt. | 24 **la flottiglia:** Flotte. | 24 f. **il peschereccio:** Fischerboot. | 25 **addobbato/a:** dekoriert. | **la bandierina:** Wimpel.

multicolori al vento. Io e Pat li abbiamo rincorsi in mezzo alla folla lungo la banchina, poi li abbiamo lasciati proseguire verso nord costeggiando la spiaggia. Prima del rientro avrebbero calato in acqua una corona d'alloro in ricordo dei caduti in mare. Le mogli dei pescatori vendevano la frittura di paranza, Patrizia ne ha preso un cartoccio per una e le minuscole spine della papalina ci hanno solleticato la lingua. A cena abbiamo mangiato ancora, per non deludere Vanda che aveva gratinato i cannolicchi freschi portati dal marito.

– La scorsa settimana ho visto tuo padre, – ha detto Nicola. – Era a un posto di blocco fuori città.

– E ci hai parlato? – ho chiesto ansiosa.

– No, stava fermando un camion. Si è fatto crescere la barba.

– Non ci pensare adesso, – mi ha scosso Pat dopo un'occhiataccia al padre. – Prepariamoci, torniamo alla festa. Puoi metterti qualcosa di mio.

Anche quell'anno non avremmo perso lo spettacolo pirotecnico finale.

– Non ci conviene la macchina, – ha detto Nicola, così sono salita sulla canna della sua bicicletta e via, le altre due ci

1 **multicolore** (agg.): bunt, vielfarbig. | **rincọrrere** (*rincorso*): nachlaufen. | 2 **la banchina:** Landungssteg, Mole. | 3 **il rientro:** Rückkehr. | 4 **la corona d'alloro:** Lorbeerkranz. | 5 f. **la frittura di paranza:** in vielen Regionen Italiens verbreitetes Gericht aus gebackenen, kleinen Fischen (*la paranza:* spezielles Fischerboot mit Schleppnetz). | 6 **il cartoccio:** Tüte. | 7 **minụscolo/a:** winzig. | **la papalina:** Sprotte. | **solleticare:** kitzeln. | 9 **gratinato/a:** überbacken. | **il cannolicchio:** Schwertmuschel. | 12 **il posto di blocco:** Kontrollstelle. | 16 f. **l'occhiataccia:** böser Blick. | 19 f. **pirotẹcnico/a:** Feuerwerks-, pyrotechnisch.

seguivano. Pedalava con poco sforzo, suonando il campanello per allertare i pedoni sempre più numerosi verso il porto. Procedevamo silenziosi e senza attrito, tra le luci e gli odori caramellati delle prime bancarelle, zucchero filato, croccante di mandorle. Rigurgiti gassosi di fogna, a tratti. Poi sul largo marciapiede della riviera non si avanzava più, siamo scesi dalle bici e le abbiamo incatenate all'inferriata di uno stabilimento. Io e Patrizia volevamo andarcene un po' per conto nostro, i suoi genitori ci hanno dato appuntamento a dopo gli spari. Abbiamo aspettato l'inizio sedute sulla spiaggia in una prima fila immaginaria, piano piano la folla ci è arrivata alla schiena, in attesa. Da tutti e due i lati altri ragazzi, uno con gli occhiali da liceale e i capelli crespi si sporgeva ogni tanto in avanti per guardarmi di sbieco.

– Gli piaci, al ricciolone, – ha riso Pat ammiccando verso di lui.

Le ho circondato le spalle e l'ho stretta forte, un momento. Non riuscivo a dirle quanto mi mancava, lei e la vita da cui ero stata respinta. Forse ha visto le lacrime che cercavo di nasconderle.

– Cos'hai? – ha domandato e io non le ho risposto.

Alcuni preparativi annunciavano lo spettacolo, un'onda

1 **pedalare:** in die Pedale treten. | 2 **allertare:** warnen. | **il/la pedone:** Fußgänger(in). | 4 **caramellato/a:** karamellisiert. | **lo zụcchero filato:** Zuckerwatte. | 5 **il croccante di mạndorle:** Mandelkrokant. | **il rigụrgito:** Ausstoß, hier: Ausdünstung. | **gassoso/a:** gasförmig. | **la fogna:** Kloake, Abwasserkanal. | **a tratti:** streckenweise. | 7 **la bici:** *la bicicletta.* | **incatenare:** anketten. | **l'inferriata:** Eisengitter. | 9 **stare per conto suo:** allein sein. | 13 **il/la liceale:** Gymnasiast(in). | **crespo/a:** kraus. | 15 **il ricciolone / la ricciolona:** (Person mit) Lockenkopf. | **ammiccare:** zublinzeln. | 19 **respịngere** (*respinto*): zurückweisen, ablehnen.

di eccitazione ha percorso gli spettatori. Ci siamo alzati in piedi, con gli occhi al buio sopra il mare. Hanno cominciato in sordina come per una prova, sparando a singhiozzo, poi un crescendo continuo. Si spegnevano dopo un attimo di gloria universi di stelle appena esplose, sullo sfondo freddo degli astri fissi. Sott'acqua, lontano dai nostri pensieri, lo spavento muto dei pesci.

All'improvviso una mano viva e decisa ha stretto la mia, mi sono girata sorridendo a Pat che non vedevo più da qualche minuto. Non era lei, era il tipo dai capelli crespi, i riflessi dei fuochi sulle lenti degli occhiali. Riprovo a memoria lo spasmo allo stomaco, un po' attenuato nella distanza degli anni. Aveva scelto me, tra tutte quelle ragazze.

– Come ti chiami? – ha chiesto al mio orecchio con la voce e l'alito dolce della sua bocca. I tratti delicati cambiavano colore di momento in momento, come le meraviglie nel cielo.

Chissà se ha sentito la risposta del nome, nel frastuono dell'ultima salva di botti. Non sono riuscita a leggere il suo nei movimenti delle labbra, forse Mario o Massimo. Dalla mano che mi ha tenuto forte per qualche istante, il brivido caldo è risalito lungo il braccio, fino al cuore. Qualcuno lo ha urtato e il bacio diretto al mio viso si è perso nell'aria. Ci siamo persi subito anche noi due, nella calca finale che sfollava la spiaggia. Io dovevo cercare Patrizia e lui non ha saputo restarmi accanto. Poteva avere l'età di Vincenzo, era così diverso.

1 **l'eccitazione** (f.): Aufregung. | 3 **in sordina:** gedämpft. | **a singhiozzo:** stotternd, ruckweise. | 4 **il crescendo:** Lauterwerden, Crescendo. | 10 f. **il riflesso:** Widerschein. | 15 **l'ạlito:** Atem. | 18 **il frastuono:** Getöse. | 19 **la salva di botti:** Feuerwerkssalve. | 24 **la calca:** Gedränge.

Da quando ero stata restituita non avevo mai dormito il sonno lungo e profondo di quella notte. Con la luce dell'alba è filtrata attraverso le tende l'angoscia sottile di un altro giorno, è venuta a infilarsi nel letto degli ospiti. Mi sono svegliata stordita come dopo un'ubriacatura. Nel pomeriggio dovevo tornare in paese. Mi sono seduta al tavolo della colazione con Vanda, l'unica già in piedi.

– Tu non l'hai vista mia madre in questo periodo?

– Mai, da quando non sei più con lei, – e mi ha servito latte e cacao.

– Ma qualche volta sei passata dalla strada di casa mia?

– Sì, però era sempre tutto chiuso –. Mi ha allungato pane e marmellata, biscotti a forma di fiore.

– Magari la curano in un ospedale lontano e mio padre l'avrà accompagnata.

– Perché pensi questo?

– Lassù non mi avevano chiesta indietro e lei non aveva motivi per restituirmi. Forse ha nascosto la verità per non spaventarmi, ma nelle ultime settimane le mancavano le forze per la cucina, le pulizie. Stava a letto e piangeva per me –. Mi sono fermata a stropicciarmi un occhio. – Però sono sicura che quando guarirà verranno a riprendermi e riapriremo la casa, – ho concluso.

Vanda ha bevuto pensierosa il caffè. Una piccola macchia marrone le è rimasta appiccicata al naso.

– Con il tempo tutto sarà più chiaro, – ha detto, – ora cerca di resistere, almeno per l'anno scolastico che inizia. Poi,

3 **filtrare:** durchsickern. | 5 **l'ubriacatura:** Rausch, Trunkenheit. | 21 **stropicciarsi gli occhi:** sich die Augen reiben. | 24 **pensieroso/a:** nachdenklich. | 25 **appiccicato/a:** angeklebt. | 27 **resịstere:** durchalten.

con i voti che prendi tu, dovrai venire al liceo in città, in un modo o nell'altro.

Ho annuito, con la testa sul latte che si stava raffreddando e solo un'unghia in bocca.

– Mangia, adesso. Vedrai che ti lasceranno tornare ancora da noi.

Più tardi ho domandato a Patrizia se voleva accompagnarmi a casa mia, non era lontano. Lei si è entusiasmata come per una missione avventurosa.

– Porto un cacciavite? – ha chiesto con la voce bassa da agente segreto, secondo lei avremmo dovuto scassinare la serratura del cancello.

Invece era già aperto, dei rumori provenivano dal retro. Siamo entrate guardinghe, Pat imitava l'andatura delle spie nei film. Abbiamo percorso il vialetto. La sabbia era stata spazzata, il giardino in ordine, l'erba rasa odorava del taglio recente. Un rastrello era appoggiato al muro, più in là altri utensili. La casa sempre chiusa, però, le tapparelle abbassate. Sotto la tettoia la mia bicicletta un po' spostata e con la gomma di nuovo gonfia, per terra la pompa, accanto. Dei colpi ripetuti sul retro, poi niente. Ancora. Il respiro sospeso, la bocca secca, stavo per incontrare mio padre. Batteva spesso in quel modo con il martello, per certe sue piccole riparazioni domestiche.

Allo spigolo del muro ho urlato e mi sono trovata nelle braccia di Romeo il giardiniere, dopo lo scontro. Patrizia

3 **annuire:** nicken, zustimmen. | 11 **scassinare:** aufbrechen. | 14 **guardingo/a:** behutsam, vorsichtig. | **l'andatura:** Gang(-Art). | 15 **percọrrere** (*percorso*): durchschreiten. | 16 **raso/a** (*rạdere*): geschoren, rasiert; hier: kurz gemäht. | 17 **il rastrello:** Harke. | 18 **l'utensile** (m.): Gerät, Werkzeug.

invece ha perso l'equilibrio ed è rimasta seduta sul prato, a guardarci.

– Ehi, bella signorina, da dove esci? Sembrava che non c'era nessuno in casa. Puoi chiamare tua madre? Io ho finito qua.

– I miei non ci sono in questi giorni, – ho improvvisato. – Chi ti ha dato la chiave?

– Tuo padre me l'ha lasciata in un bar. Mi ha detto per telefono di mettere a posto il giardino prima dell'autunno.

– Hai anche quella del portone?

– No, quella no, – e si sarà insospettito di qualcosa. – Ma tu stai qui da sola? – e ha indicato la casa.

– No, sto dalla mia amica, siamo venute a prendere dei libri. Comunque la chiave puoi lasciarla a me, papà e mamma tornano domani –. Credevo di mentire con una certa naturalezza, ma lui non ci è cascato.

– Meglio se la riporto allo stesso bar, come sono rimasto d'accordo con il maresciallo.

Così mi ha tolto la possibilità di rientrare almeno nel giardino. Non l'ho corretto sul grado di mio padre nell'Arma dei Carabinieri.

A pranzo faticavo ad arrotolare con la forchetta gli spaghetti alle vongole, Nicola sapeva quanto mi piacevano e mi pregava di mangiarli. Un malessere svogliato mi annodava la gola. In televisione parlavano di nuove leggi antiterrori-

9 **mẹttere a posto:** aufräumen; hier: auf Vordermann bringen. | 11 **insospettirsi:** Verdacht schöpfen. | 16 **cascarci** (fam.): reinfallen. | 22 **faticare:** Mühe haben. | 24 **il malẹssere:** Unwohlsein. | 25 f. **la legge antiterrorismo:** Antiterrorgesetz.

smo, poi un servizio sul primo grande parco di divertimenti italiano, inaugurato da poco.

– Quello non ce lo possiamo perdere, – ha detto Pat. – Organizzano dei viaggi di un giorno in pullman, ci andiamo una delle prossime volte che vieni.

Invece ci saremmo andate parecchi anni più tardi. Avevo appena concluso una sessione di esami all'università, da Roma l'ho raggiunta e siamo partite insieme. Il lago era una meta insolita per due ragazze, ma Patrizia si era procurata una ferita amorosa e trovava adatto al suo umore il paesaggio di acqua ferma.

– Basta con questo mortorio, oggi arriviamo a Gardaland, – ha deciso una mattina sulla terrazza del piccolo albergo con i gerani alle finestre. All'ingresso ci siamo mescolate ai bambini. Ho urlato di spavento anche sulle giostre più semplici, l'ottovolante, il punto più alto della ruota panoramica, dove si restava fermi qualche momento a oscillare nel vuoto. Ma niente mi ha restituito l'emozione di quella sera con Vincenzo e Adriana, sul calcinculo sferragliante degli zingari.

Ho preso l'autobus a una delle fermate sul lungomare. Hanno insistito per accompagnarmi tutti e tre, Vanda portava

7 **la sessione di esami:** Prüfungswochen, -zeit. | 8 **il lago:** Gemeint ist hier der Gardasee, wo 1975 mit dem »Gardaland« der erste große Vergnügungspark in Italien eröffnet wurde. | 9 **insọlito/a:** ungewöhnlich. | **procurarsi qc:** sich etwas verschaffen; hier: sich etwas einhandeln. | 12 **il mortorio** (fig.): Trübsal, Langeweile. | 14 **il geranio:** Geranie. | 14 f. **mescolarsi a qu/qc:** sich unter etwas/jdn. mischen. | 16 **l'ottovolante** (m.): Achterbahn. | 16 f. **la ruota panorạmica:** Riesenrad. | 17 f. **oscillare:** schwanken. | 19 **il calcinculo** (fam., invar.): Kettenkarussell. | **sferragliare:** rasseln, scheppern.

pure i cani al guinzaglio. Ero venuta con dei fiori di scarpata in mano, tornavo al paese con una provvista di quaderni, biancheria intima, maglie e pantaloni, e per contenerli una borsa, utile anche per la scuola. Ai saluti mi sono scappati dei singhiozzi, non riuscivo a soffocarli. Avrei preferito annegare nel blu a trenta metri di sabbia dal marciapiede.

Mi rivedo poi seduta al mio posto accanto al finestrino, la testa abbandonata contro il vetro. Per parte sua Nicola mi aveva dato dei pacchi di biscotti e, dalla solita rosticceria, una porzione abbondante di melanzane alla parmigiana. Ho pensato di offrirle a mia sorella, nel tentativo di rabbonirla. Quella sera avremmo forse potuto mangiarle di nascosto, sole io e lei giù nella rimessa. Le avrei ceduto dei quaderni e prestato la borsa. Mi spaventava ritrovarla armata della sua gelosia. Adriana era tutto quello che avevo, a fine corsa del pullman. Intanto potevo piangere senza pudore lungo la strada ritorta, il sedile accanto al mio era rimasto libero.

1 **il guinzaglio:** Leine. | 2 **la provvista:** Vorrat. | 5f. **annegare:** ertrinken. | 8 **abbandonato/a contro il vetro:** hier: gedankenverloren gegen die Scheibe gelehnt. | 11f. **rabbonire:** besänftigen. | 16 **la corsa:** Fahrt. | 16f. **il pudore:** Scham. | 17 **ritorto/a** (*ritọrcere*): gekrümmt; hier: kurvig.

16.

Era salita in piazza ad aspettarmi a ogni autobus in arrivo dalla città, a partire dalla tarda mattinata. Non l'ho vista subito nella mezza luce del tramonto di settembre, si teneva un po' in disparte. Mi avviavo già verso casa quando si è mossa di un passo e l'ho notata, i pugni chiusi verso terra, gli occhi invisibili sotto le sopracciglia contratte. Ci siamo guardate a qualche metro di distanza, non sapevo se avvicinare quel grumo di rabbia masticata e stanchezza. La sentivo che osservava con quella sua rapidità vorace la borsa gonfia di chissà cosa, i pacchi che reggevo a stento. Poi è venuta con una corsa breve e improvvisa, mi ha abbracciata. Avevo posato tutto sull'asfalto, l'ho stretta e baciata sulla fronte. Ci siamo mosse fianco a fianco senza dirci niente, mi aiutava con la borsa e il resto, ma non ha voluto sapere subito del contenuto. Ha parlato solo quando siamo arrivate al piazzale, ispezionandolo con un'occhiata larga. Ma non c'era nessuno a quell'ora, cenavano.

– 'Sta roba che porti è meglio nasconderla sotto, sennò fa una brutta fine, – e ha indicato il secondo piano pensando a Sergio e all'altro.

Abbiamo aperto la rimessa con la chiave che veniva sempre lasciata dietro un mattone e ci siamo sbrigate.

3 **a partire da:** seit. | **tardo/a:** spät. | 10 **la rapidità:** Schnelligkeit. | **vorace** (agg.): unersättlich. | 11 **a stento:** mit Mühe, kaum. | 14 **fianco a fianco:** Seite an Seite. | 17 **ispezionare qu/qc con un'occhiata larga:** jdn./etwas umsichtig begutachten. | 20 **fare una brutta fine:** schlecht enden.

– Non ti saziare, – ho detto poi per le scale. – Ce l'ho io qualcosa di buono per te, dopo.

Sopra, la famiglia non sembrava aver sofferto la mia mancanza. Soltanto Giuseppe si è staccato dal petto della mamma sbilanciandosi nella mia direzione. L'ho preso in braccio e mi ha messo in bocca una mano attaccaticcia e dolciastra.

– Ha mangiato il pesce, la signorina, – ha replicato pronto Sergio quando a tavola non ho avuto fame. – Quello crudo, – ha aggiunto per non lasciare dubbi.

Vincenzo non c'era. Dopo cena e le faccende, io e Adriana siamo scese con una scusa non richiesta, lei si era nascosta delle posate addosso. Seduta su una cesta rovesciata ha gustato la sua prima parmigiana di melanzane, tutta quanta, l'ha capito da sola che rinunciavo alla mia parte. Il rutto che le è sfuggito alla fine è suonato come un perdono per i miei due giorni di assenza.

La mattina seguente abbiamo dovuto tenere il piccolo, la madre stava da qualcuno in campagna a rifornirsi di frutta per le marmellate. Lo rotolavamo sul letto tra l'una e l'altra – era un po' il nostro bambolotto – quando è scoppiato a piangere di colpo contraendosi su se stesso.

– Oddio, ma l'ha punto qualcosa? – ho chiesto spaventata.

1 **saziarsi di qc:** sich an etwas satt essen. | 5 **sbilanciarsi:** das Gleichgewicht verlieren. | 6 **attaccaticcio/a:** klebrig. | 7 **dolciastro/a:** süßlich. | 11 **la faccenda:** Hausarbeit; hier: Abwasch. | 15 **il rutto:** Rülpser. | 19 **rifornirsi di qc:** sich mit etwas eindecken. | 21 **il bambolotto**: (männlich gekleidete) Puppe. | 21f. **scoppiare a pi̦angere:** in Tränen ausbrechen.

– No no, a questo gli duole la pancia, si torce, – ha risposto Adriana tentando di prenderlo in braccio.

Si è calmato dopo una scarica liquida e maleodorante che gli è risalita lungo la schiena fino al collo. Adriana sapeva come muoversi, l'ha spogliato dentro la vasca da bagno ed è rimasto lì carponi, un cucciolo inerme e patetico sul fondo bianco incrostato di calcare. Non riuscivo a toccarlo ridotto in quelle condizioni, ne ero disgustata mio malgrado, ma lei non aveva bisogno di aiuto, lo lavava con metodo strofinandogli via di dosso a mani nude le feci molli e schiumose. L'ha rivestito giusto in tempo per una seconda scarica che di nuovo ha imbrattato tutto e poi ancora, finché non abbiamo avuto più niente da mettergli. Allora l'ha avvolto in un asciugamano e se l'è tenuto in braccio di nuovo urlante, mentre gli massaggiava la pancia agitata dalle coliche.

– Mo ti passa, mo ti passa, – gli ripeteva all'orecchio, e verso di me che ero rimasta imbambolata: – Fagli un tè e spremici tanto limone, – ma non trovavo nulla in cucina e nella fretta ho versato l'acqua per terra.

– Mantienilo un momento, che ci penso io, – ma Giuseppe ha gridato forte e non ha voluto staccarsi dalla sorella più capace. – Vai a chiedere a quella di sotto, – si è arresa Adriana.

1 **dolere:** schmerzen. | 4 **risalire:** hochlaufen. | 6 **carponi** (avv.): auf allen Vieren. | **il cucciolo:** Welpe. | **patetico/a:** kläglich, peinlich. | 7 **incrostato/a:** verkrustet. | 10 **strofinare (via) di dosso qc a qu:** jdm. etwas abstreifen. | **le feci:** Fäkalien. | 11 **schiumoso/a:** schaumig. | 12 **imbrattare:** beflecken, vollschmieren. | 16 **la colica:** Kolik. | 18 **imbambolato/a:** betäubt, bewegungslos. | 19 **spremere:** auspressen.

Quella di sotto si sarà impietosita della mia faccia desolata e il tè l'ha preparato lì da lei. È venuta su con me a vedere ed è tornata a prendere dei vecchi indumenti di quando i figli erano piccoli. Abbiamo rivestito Giuseppe solo di una maglietta, il suo intestino continuava a svuotarsi di tanto in tanto, con meno violenza. Ora riuscivo ad avvicinarlo, gli ho asciugato con un panno i capelli sudati e finalmente ha lasciato Adriana per me.

La vicina è salita di nuovo a mezzogiorno, con un piatto di crema di riso per lui. L'ho imboccato, e dopo qualche cucchiaio ha ceduto al sonno tra le mie braccia.

– Non lo metti nella culla? – ha chiesto Adriana, ma mi sembrava che gli toccasse una sorta di riparazione, con quello che aveva patito.

I muscoli che impegnavo per tenerlo si sono addormentati come lui e quando mi sono leggermente spostata sono tornati sensibili tra mille formicolii. A ripensarci, non avevo mai provato il piacere di un'intimità così stretta con una creatura.

Al rientro la madre ci ha rimproverate per certe faccende che avremmo dovuto sbrigare e per il pavimento che in alcuni punti, dove si era liberato Giuseppe, era rimasto un po' appiccicoso.

Più tardi io e Adriana sbucciavamo le pesche da sciroppare per l'inverno. Lei ne mangiava parecchie, di nascosto

1 **impietosirsi di qu/qc:** mit jdm./etwas Mitleid haben. | 3 **l'indumento:** Kleidungsstück. | 5 **l'intestino:** Darm. | **svuotarsi:** sich entleeren. | 10 **la crema di riso:** Reisschleim. | **imboccare:** füttern. | 12 **la culla:** Wiege, Kinderbettchen. | 13 **la riparazione:** Wiedergutmachung. | 14 **patire:** erleiden. | 17 **il formicolịo:** Kribbeln. | 23 **appiccicoso/a:** klebrig, pappig. | 24 f. **sciroppare:** (in Zucker) einkochen.

da chi le aveva portate dalla campagna. Non avevamo pranzato, alle prese con la dissenteria del piccolo.

– Alla sua età i bambini già camminano, lui ancora gattona e non dice neppure mamma, – ho osservato indicando i movimenti striscianti di nostro fratello.

– Infatti Giuseppe non è normale, non te n'eri accorta? È ritardato, – ha risposto lei senza scomporsi.

Sono rimasta con il coltello a mezz'aria, il frutto mi è caduto di mano. Le sintesi improvvise e spontanee di Adriana colpivano come fulmini, in certe occasioni. Ho raggiunto il bambino in giro per casa, l'ho sollevato dalle piastrelle e l'ho tenuto un po' in braccio, parlandogli. Da allora l'ho visto con altri occhi, come la sua differenza richiedeva.

Non ho mai saputo di preciso che avesse, o cosa gli mancava. Solo pochi anni fa un medico mi ha letto una diagnosi astrusa.

– È un problema congenito? – ho chiesto.

Mi ha considerata da capo a piedi, nell'abbigliamento appropriato, l'aspetto gradevole, credo.

– In parte sì. Ma contro di lui hanno giocato anche dei fattori ... ambientali, ecco. Da piccolo deve aver sofferto di qualche forma di deprivazione.

Insisteva a guardarmi da dietro il tavolo, le mani aperte sulla cartella clinica. Forse misurava il divario tra me e mio

2 **(ẹssere) alle prese con qu/qc:** sich mit jdm./etwas herumschlagen. | **la dissenterịa:** Durchfall. | 3 f. **gattonare:** krabbeln. | 5 **strisciante** (agg.): kriechend. | 7 **ritardato/a:** (geistig) zurückgeblieben. | **scomporsi:** aus der Fassung geraten. | 9 **la sịntesi:** Zusammenfassung. | 14 **di preciso:** genau. | 16 **astruso/a:** abstrus, verworren. | 17 **congẹnito/a:** angeboren. | 18 f. **appropriato/a:** passend, angemessen. | 22 **la deprivazione:** Deprivation, Entzug, Mangel. | 24 **la cartella clịnica:** Krankenblatt. | **il divario:** Unterschied.

fratello e non gli tornavano i conti dei fattori ambientali. O forse questa è una mia fantasia.

Alla scuola elementare Giuseppe è stato tra i primi ad avere l'insegnante di sostegno, ma cambiava tutti gli anni e il legame si rompeva a ogni mese di giugno. L'ho visto io stessa lasciare per ricordo una lacrima nel palmo della maestra Mimma. Proprio le mani sono state da sempre il soggetto preferito dei disegni che ha prodotto in gran numero fin da piccolo, era quella la sua attività prevalente in classe. Ritraeva i compagni nell'atto di scrivere, con un'attenzione particolare alle dita, il resto era solo abbozzato, la testa un ovale con pochi tratti distintivi.

Non ha mai imparato a difendersi, e se capitava per sbaglio nel mezzo di una baruffa restava lì candido e fermo, esposto ai colpi accidentali. Nessuno lo ha mai picchiato con intenzione. Aveva un taglio su uno zigomo, una mattina che sono andata a prenderlo a scuola. La maestra mi ha detto del pugno sferrato da un bambino che non mirava a lui. Giuseppe gli aveva preso la mano, l'aveva aperta e osservata a lungo, come alla ricerca del nesso tra la sua bellezza e il dolore che gli aveva procurato. Il compagno era rimasto immobile, a lasciarsi studiare.

1 **non gli tornạvano i conti:** die Rechnung ging für ihn/sie nicht auf, die Sache schien ihm/ihr unlogisch. | 4 **l'insegnante di sostegno** (m./f.): Förderlehrer(in). | 5 **il legame:** Band. | 9 **prevalente** (agg.): vorwiegend. | 10 **ritrarre** (*ritraggo, ritratto*): abbilden. | 11 **abbozzare:** skizzieren, umreißen. | 12 **il tratto distintivo:** Alleinstellungsmerkmal, Charakteristikum. | 14 **la baruffa:** Balgerei, Rauferei. | **cạndido/a:** treuherzig. | 15 **accidentale** (agg.): zufällig. | 18 **sferrare un pugno a qu:** jdm. einen Fausthieb versetzen. | **mirare a qu/qc:** auf jdn./etwas zielen. | 20 **il nesso:** Zusammenhang, Verbindung.

17.

È suonata la campanella. Lungo il corridoio gli altri hanno mantenuto una distanza che mi circoscriveva come estranea. Qualcuno aveva attaccato al banco dove stavo per sedermi un'etichetta invisibile con il soprannome che in paese usavano dopo il mio rientro in famiglia. Ero l'Arminuta, la ritornata. Non conoscevo quasi nessuno ancora, ma loro ne sapevano più di me sul mio conto, avevano sentito le chiacchiere degli adulti.

Quando era piccola l'ha voluta per figlia una mezza parente. Ma mo che s'è fatta signorina perché è arminuta ecco da 'sti scioperati? Che s'è morta la femmina che l'ha allevata?

Il banco accanto al mio è rimasto vuoto, non l'ha scelto nessuno. L'insegnante di lettere mi ha presentato come una bambina nata lì in paese ma cresciuta in città e tornata ormai ragazza, chissà chi glielo aveva detto.

– Frequenterà la terza media con voi, – ha annunciato tra bisbigli e risatine. Ha invitato una con i denti storti a mettersi accanto a me, quella ha obbedito sbuffando e con molto rumore di sedia spostata. – Ti farà bene, – ha aggiunto la professoressa Perilli quando la scontrosa ha finito di sistemarsi e raccogliere i libri che aveva lasciato cadere, – sarai

3 **circoscrịvere** (*circoscritto*): umschreiben. | 8 **sapere qc sul conto di qu:** etwas über jdn. wissen. | 12 **'sti:** *questi.* | **lo scioperato / la scioperata:** Müßiggänger(in). | 14 **l'insegnante di lẹttere** (m./f.): Lehrer(in), der/die Sprache und Literatur unterrichtet. | 18 **il bisbiglio:** Geflüster, Tuscheln. | 19 **sbuffare:** schnauben. | 21 **scontroso/a:** störrisch, widerspenstig.

costretta a parlare un po' d'italiano –. Si rivolgeva a lei, ma guardava sulla mia faccia l'effetto del primo compito che mi stava affidando. Poi ha chiesto a ognuno di noi come avevamo trascorso le vacanze.

– Sono venuta qui, – ho detto piano quando è giunto il mio turno. Non ho dato voce agli attimi che mi ha concesso per continuare e lei non ha insistito con le domande. Aveva occhi piccoli, ma tanto azzurri, e le ciglia così ricurve da disegnare cerchi quasi perfetti. La vedevo bene dalla posizione che mi era toccata, davanti e al centro, e sentivo il suo profumo. Il volo lento delle mani che accompagnavano le parole nell'aria cominciava già a irretirmi. Nella seconda ora ho notato le gambe rese tozze dalle fasce che le ricoprivano sotto le calze elastiche. Lei era molto vicina, ha poggiato la punta delle dita sul mio banco.

– Mi sono da poco operata alle vene, – ha risposto ai miei occhi soltanto.

Con un sussulto ho rialzato lo sguardo fin dove potevo permettermi, la Perilli era proprio lì. Mi sono fermata agli anelli con le gemme colorate, e misteriose luci nella segreta profondità delle pietre.

– La blu è lo zaffiro, – ha detto lei, – e la rossa il rubino. Studieremo in geografia i paesi produttori di queste meraviglie –. Poi a tutta la classe: – Adesso iniziamo con un ripasso di grammatica, ricordate fin da oggi che quest'anno avrete l'esame di licenza media –. Si è ripresa dal mio qua-

6 **dare voce a qc:** etwas Ausdruck verleihen. | 8 **il ciglio** (pl. *le ciglia*): Wimper. | **ricurvo/a:** krumm. | 12 **irretire:** bezirzen, für sich gewinnen. | 13 **tozzo/a:** gedrungen, klobig. | 20 **la gemma:** Edelstein. | 22 **lo zaffiro:** Saphir. | **il rubino:** Rubin. | 25 **il ripasso:** Wiederholung. | 26 **la licenza media:** Prüfung für den Mittelschulabschluss.

derno una forcina che le era caduta dall'acconciatura ed è tornata in cattedra.

Ci ha proposto dei vocaboli da analizzare, io rispondevo anche alle domande dirette agli altri, con voce bassissima. Lei se n'è accorta e mi leggeva l'esattezza sulle labbra.

– Cos'è ARMANDO? – ha chiesto.

– Mio zio, – ha indovinato uno spiritoso.

– Bravo, nome proprio di persona, – si è complimentata lei, scuotendo leggermente la testa.

– E gerundio presente del verbo armare, – mi è scappato un po' più forte.

– Sa tutto essa, l'Arminuta, – ha riso il nipote di Armando.

– Sì, al contrario di te lei ha studiato i verbi, – ha concluso secca la Perilli, fulminandolo.

Alla ricreazione Adriana si è presentata senza alcun timore sulla porta dell'aula. Aveva attraversato il giardino che divideva la scuola elementare dalla media ed era venuta a vedere come stavo. Le mancava qualche bottone dal grembiule celeste e l'orlo pendeva scucito per diversi centimetri. Qualsiasi altra bambina di dieci anni sarebbe apparsa patetica, così magra e con i capelli unti tra quei ragazzoni subito pronti a deriderla.

– E tu che ci fai qui? – le ha domandato la professoressa alzandosi un po' in allarme.

1 **la forcina:** Haarnadel. | **l'acconciatura:** Frisur. | 8 **complimentarsi con qu:** jdn. beglückwünschen. | 16 **la ricreazione:** Pause. | **il timore:** Furcht, Scheu. | 19 f. **il grembiule:** (Kittel-)Schürze. | 20 **celeste** (agg.): hellblau. | **l'orlo:** Saum. | 22 **unto/a:** schmierig, fettig. | **il ragazzone / la ragazzona** (accr.): *il ragazzo / la ragazza.*

– Sono venuta a controllare se mia sorella sta bene. Lei è della città.

– E la tua maestra lo sa che sei uscita?

– Io l'ho detto, ma forse non ha sentito perché i maschi stavano a fa' i diavoli.

– Allora adesso sarà preoccupata per te. Chiamo un bidello che ti riaccompagni in classe.

– In classe ci posso tornare da sola, conosco la strada. Ma prima vorrei sapere se qui è tutto tranquillo per lei, – e mi ha indicato.

Ero rimasta seduta al mio posto, paralizzata dalla vergogna. Rossa in viso fissavo ostinatamente il banco, come se Adriana non mi riguardasse. Avrei voluto ucciderla e nello stesso tempo le invidiavo quella disinvoltura naturale e sfrontata.

Ottenuta la rassicurazione della professoressa sul mio conto, ha alzato la voce per darmi appuntamento all'uscita e si è decisa ad andare.

I miei compagni erano tutti in piedi, distribuiti a piccoli gruppi nell'aula. Masticavano qualcosa ciarlando e ridendo, di me, supponevo. La visita di Adriana mi rendeva un bersaglio ancora più facile, o forse sopravvalutavo l'interesse che potevo suscitare in loro.

Non avevo niente per merenda, non ero abituata a prepararmela da sola. Dalla cattedra la Perilli mi osservava di tanto in tanto con discrezione, sfogliando un libro.

6 f. **il bidello:** Hausmeister, Schuldiener. | 11 **paralizzato/a:** gelähmt. | 14 **la disinvoltura:** Unbefangenheit, Lässigkeit. | 15 **sfrontato/a:** frech, dreist. | 16 **la rassicurazione:** Beruhigung. | 20 **ciarlare:** quatschen, quasseln. | 21 f. **il bersaglio:** Ziel(-Scheibe). | 22 **sopravvalutare:** überschätzen. | 26 **con discrezione:** unauffällig. | **sfogliare:** durchblättern.

A dispetto delle gambe fasciate si è alzata quasi di scatto, a un certo punto.

– Mangia questo, almeno. Ne ho sempre qualcuno in borsa, per chi dimentica di portarsi lo spuntino, – e mi ha posato un Buondì sul banco. Si è allontanata verso una lite che minacciava di degenerare. Dopo qualche minuto si è fermata di nuovo, tornando verso la cattedra. La ricreazione stava per finire. Mi ha chiesto di Vincenzo, era stato suo alunno. Non sapevo che risponderle, non rientrava da diversi giorni e in famiglia nessuno sembrava farci più caso. Nemmeno Adriana aveva un'idea precisa di dove fosse. Cominciavo anch'io a dimenticarmi un po' di lui.

– Lavora, ma non sempre, – ho detto.

La campanella è suonata e gli altri hanno raggiunto i loro posti, con il consueto rumore dei piedi metallici delle sedie.

– Che lavoro?

– Quello che gli capita, – e me lo sono rivisto in un pomeriggio di afa a spaccare la legna di una vicina che già la stipava per l'inverno. Scendevo a prendere qualcosa giù nella rimessa e mi ero incantata a guardarlo a sua insaputa, tutto preso nello sforzo che accompagnava con versi gutturali a ogni colpo di scure. Nelle torsioni del busto i muscoli gli brillavano alla luce ancora cruda del giorno, un rivolo di

1 **a dispetto di qu/qc:** trotz jdm./etwas. | 4 **lo spuntino:** Imbiss. | 5 **il Buondì:** italienischer Keks der Marke Motta, mit Zuckerstreuseln, zum Teil mit Schokoladenfüllung. | 6 **degenerare:** ausarten, eskalieren. | 19 **la legna** (invar.): (Brenn-)Holz. | 20 **stipare qu/qc in qc:** jdn./etwas in etwas hineinpferchen; hier: etwas aufschichten. | 21 **incantarsi:** verzaubert sein. | **all'insaputa di qu:** ohne jds. Wissen. | 22 f. **gutturale** (agg.): kehlig. | 23 **la scure:** Beil. | **la torsione:** Drehung.

sudore gli scendeva nell'incavo della spina dorsale fino a bagnargli i pantaloncini e basta che indossava.

– Peccato per la scuola.

– Come?

– Peccato per l'abbandono della scuola, – ha ripetuto la Perilli.

– Quello è un delinquente! – si è alzata una voce da dietro.

Lei ha raggiunto il ragazzo che aveva intercettato la nostra breve conversazione.

– Anche di te mi hanno detto che sei un delinquente, – lo ha provocato. – Devo crederci?

All'uscita volevo ignorare Adriana, ma era impossibile. Mi aspettava al cancello, tutta gioiosa e saltellante.

– Sei un genio dei verbi, i professori delle medie parlano solo di te.

Ho tirato dritto in silenzio. Lei sapeva sempre tutto, quasi prima che accadesse, ancora oggi non me lo spiego. Si trovava ogni volta nel posto giusto, nascosta da una porta, uno spigolo, un albero, con il suo orecchio prodigioso. In parte l'ha perso crescendo.

Camminava qualche passo indietro, forse mortificata dal mio muso lungo.

– Ma che t'ho fatto? – ha protestato davanti alle Poste. Il sospetto di avermi messa a disagio con la sua incursione nella mia aula neppure la sfiorava. Mi sono decisa ad aspet-

1 **l'incavo:** Aushöhlung. | 7 **il/la delinquente:** Verbrecher(in). | 9 **intercettare:** abhören, mit anhören. | 14 **gioioso/a:** fröhlich. | **saltellante** (agg.): hüpfend. | 17 **tirare dritto:** zielstrebig geradeaus laufen. | 20 **prodigioso/a:** außerordentlich, wunderbar. | 22 **mortificato/a:** beschämt, gedemütigt. | 23 **il muso lungo:** langes Gesicht, Schnute.

tarla quando due della mia classe l'hanno affiancata, ero io la sorella maggiore e dovevo proteggerla.

– Ma chi c'avete per genitori, due conigli? Mo con l'Arminuta quanti ne siete diventati, sei, sette? – l'ha sfottuta quello più grosso.

– Almeno nostra madre i figli li fa col marito, la tua invece la dà a chi glielа cerca, – ha replicato pronta Adriana mentre già scattava. Con un tocco al volo sul braccio ha suggerito anche a me di correre e così siamo scappate, con il vantaggio della sorpresa e della leggerezza. Non ci hanno raggiunte, infatti, e quando ci siamo sentite al sicuro eravamo piegate dal ridere a ripensare il faccione sbiancato dall'offesa.

– Ma quello che gli hai detto cosa significa di preciso? – ho domandato. – Non ho capito proprio bene.

– Tu se vuoi sta' ecco, i verbi te li devi impara' pure in dialetto.

1 **affiancare:** flankieren. | 4 **sfọttere** (fam.): verhöhnen. | 7 **la dà a chi gliegla cerca** (dial.): sie treibt es mit jedem. | 8 **scattare:** plötzlich loslaufen, losschießen. | 12 **il faccione** (accr.): *la faccia.*

18.

Dopo giorni di assenza Vincenzo è tornato un pomeriggio di ottobre, con la faccia cambiata e lo sguardo di chi aveva superato un limite. Era vestito di nuovo e i capelli freschi di barbiere scoprivano di più la lisca sulla tempia. Portava un prosciutto che ha accomodato piano su una sedia della cucina, come un ospite importante. Con quella novità forse se lo aspettava che nessuno gli avrebbe detto niente per l'ennesima fuga. Gli occhi di tutti si sono appuntati sulla coscia salata, con l'osso che faceva capolino dalla carne secca. Il padre non c'era, ancora non rientrava dalla fornace.

– Lo cominciamo mo? – ha chiesto Sergio in quel silenzio.

– No, aspettiamo l'ora di mangiare, – gli ha risposto brusco il fratello.

Ha mandato me e Adriana dal fornaio, per una pagnotta di pane della mattina. La mamma di solito comprava quello del giorno avanti, per pagarlo meno.

I maschi non si fidavano ad allontanarsi, sono rimasti lì a consumare minuto per minuto l'attesa lunga e nervosa della cena. Appoggiato in verticale alla spalliera, il prosciutto ci fissava impassibile. Cresceva insieme alla nostra fame l'o-

6 **accomodare:** ordnen, aufräumen; hier: hinlegen. | 9 **ennẹsimo/a** (fam.): hundertste, x-te. | 9 f. **appuntarsi su:** sich richten auf. | 10 **fare capolino:** hervorlugen. | 17 **la pagnotta:** (Brot-)Laib. | 22 **in verticale:** senkrecht, aufrecht. | **la spalliera:** Rückenlehne. | 23 **impassịbile** (agg.): ungerührt, unerschütterlich.

dore della sugna impepata che lo ricopriva. Di tanto in tanto Vincenzo mi guardava di sottecchi il corpo e la faccia dubbiosa sulla provenienza del suo regalo alla famiglia. Giuseppe gattonava attorno ai piedi della sedia, sentiva anche lui l'attenzione di tutti concentrata lì sopra.

– Ma intanto tagliamolo, no? – si è spazientito Sergio.

– No, lo deve vedere sano, – ha replicato Vincenzo con un tono feroce diretto al padre che tardava.

È rientrato infine, sui calzoni i tocchi dei mattoni crudi, le dita abrase e sbiancate.

– Fìglito è tornato con quello, – gli ha detto la moglie accennando con il mento. – Sciacquati, che mangiamo.

Lui ha gettato un'occhiata distratta alla cena.

– Dove se l'è rubato? – ha chiesto, come se Vincenzo non fosse lì a un metro, i pugni serrati, le mascelle stridenti.

Passando per andare a lavarsi, il padre ha urtato la sedia e il prosciutto è caduto, con un tonfo morbido. Sergio è stato pronto a raccoglierlo e poggiarlo sul tavolo, ha preso un coltello, che l'ora era arrivata. Vincenzo gliel'ha tolto, si è avvicinato alla porta del bagno.

– Io sto a fatica' a un macello giù alla città e per quanto gli rendo il boss m'ha voluto dare un premio, oltre ai soldi che mi spettavano, – ha detto al padre che usciva con le mani umide. Gli ha indicato il prosciutto con la lama e poi gliel'ha

1 **la sugna:** Schweinefett. | **impepato/a:** gepfeffert. | 2 **di sottẹcchi**: heimlich. | 3 **dubbioso/a:** zweifelnd, bedenklich. | **la provenienza:** Herkunft. | 6 **spazientirsi:** ungeduldig werden, die Geduld verlieren. | 10 **abraso/a** (*abrạdere*): aufgeschürft. | 11 **lu figlito** (dial., dim.): *il figlio*. | 15 **serrato/a:** geschlossen; hier: geballt. | **stridente** (agg.): hier: zusammengebissen. | 21 **il macello:** Schlachthof. | 23 **spettare a qu/qc:** jdm./etwas zustehen. | 24 **la lama:** Klinge.

accostata al collo, per un momento. – Tu per i figli tuoi sei buono a comprare solo il pane vecchio che avanza al fornaio, perciò sparli, – gli ha sibilato prima di lasciarlo lì, senza parole.

Ha affilato il coltello contro un altro e si è messo a tagliare furioso. Tirava le fette su un piatto che Adriana teneva spostandolo un po' di qua e di là per non fargli mancare il bersaglio, ma le mani dei fratelli si allungavano a prenderle quasi al volo. Osservavo l'abilità di Vincenzo mentre separava la cotenna dal grasso con una lama così poco adatta e mi sentivo colpevole per i miei sospetti uguali a quelli del padre. Forse voleva davvero provarci a imparare il mestiere, e forse l'altra volta non era una bugia che gli zingari l'avevano pagato con l'oro. Anche le dicerie del paese potevano essere infondate.

– Basta, così non va bene, – ha detto ai fratelli. – Lo dovete mangia' col pane e la bocca non la tenete solo voi due.

Da un suo cenno la mamma ha capito che doveva tagliare la pagnotta. Con Adriana ho preparato i panini e li abbiamo distribuiti a più riprese, anche tre o quattro a testa, ma il primo al padre che l'ha accettato senza imbarazzo. Giuseppe succhiava una fetta di prosciutto condita con il moccolo che gli colava dal naso, finché l'ho visto e l'ho pulito. Io e Adriana ci siamo servite per ultime, insieme a Vincenzo. Aveva saziato la sua famiglia. Si è seduto vicino a noi e ab-

3 **sparlare (di qu/qc):** (über etwas/jdn.) herziehen. | **sibilare qc a qu:** jdm. etwas zuzischen. | 5 **affilare:** schärfen, wetzen. | 6 **furioso/a:** rasend, wütend. | 10 **la cotenna:** Speckschwarte. | 14 **la dicerịa:** Gerede, Gerücht. | 15 **infondato/a:** unbegründet, haltlos. | 21 **la ripresa:** Runde. | 23 **succhiare:** lutschen, saugen. | **il mọccolo:** Rotz, Nasenschleim.

biamo masticato in silenzio, mentre gli altri, ormai soddisfatti, sgombravano la cucina uno a uno.

– Ti saluta la Perilli, – gli ho detto alla fine del pasto.

– Ah, quella. Voleva che non mi ritiravo dalla scuola.

– Infatti ancora ti consiglia di tornarci.

– Scì, magari! Mo che tengo la barba mi presento con il quadernuccio a fa' ridere i bambini –. Parlava da sbruffone, ma era arrossito un po'.

– Secondo la professoressa sei molto intelligente.

– Perciò non ci rivengo, c'ho altro da fa', io –. Si è alzato a sistemare il prosciutto, non ne era rimasto molto.

– Ora che lavori in città, dormi dai tuoi amici? – gli ho chiesto spazzando le molliche dal pavimento.

– Embe'? Che male ci sta? Gli zingari che conosco io stanno nelle case e sono bravi, non è come pensa la gente. Il carabiniere t'ha messo in coccia un mucchio di stupidaggini.

Più tardi mancava la luna alla finestra, la camera nel buio perfetto e in silenzio. Non dormivo, ma forse distratta dal mio stesso respiro non ho avvertito nessun movimento, solo l'alito caldo e salato su di me, all'improvviso. Doveva essere in ginocchio sulle mattonelle, lì accanto. Ha scostato il lenzuolo e allungato la mano, non l'avrei immaginata così timida e leggera. Ma era l'inizio, o la paura che svegliandomi di colpo potessi gridare. Sono rimasta immobile solo in apparenza, tutta la mia pelle era d'oca, i battiti aumentati, le mucose subito umide. Mi rivedo a distanza nel corpo ado-

7 **il quadernuccio** (dim.): *il quaderno.* | **lo sbruffone / la sbruffona:** Angeber(in). | 8 **arrossire:** erröten. | 14 **embe'** (inter.): na und? | 16 f. **la stupidaggine:** Dummheit, Blödsinn. | 26 **la pelle d'oca:** Gänsehaut. | **il battito:** (Herz-)Schlag. | 27 **la mucosa:** Schleimhaut.

lescente, campo di battaglia tra desideri nuovi e i divieti di chi mi aveva rimandata lì. Vincenzo ha preso un seno nel palmo e ha trovato il capezzolo eretto. L'ho sentito spostarsi e il materasso cedere al mio fianco, ma non avevo un'idea precisa della sua posizione. Quando ha spinto le dita sul pube, gli ho stretto il polso con la mano. Si è bloccato, ma sembrava per poco, e nemmeno io sapevo quanto sarebbe durata la mia resistenza.

Non eravamo abituati a essere fratelli e non ci credevamo fino in fondo. Forse non era per lo stesso sangue che lo tenevo fermo, una difesa l'avrei tentata con chiunque altro. Ansimavamo, sospesi sull'orlo dell'irreparabile.

Ci ha salvati uno sbadiglio di Adriana. Come una gatta insonnolita scendeva nel buio la scaletta per finire la notte accanto a me. Di sicuro aveva bagnato, lì sopra. Vincenzo si è mosso rapido e silenzioso, un animale sorpreso. La sorella non si è accorta di lui. Le ho ceduto uno spazio surriscaldato da energie che ignorava e ha subito cominciato a sudare. Dopo un po' si è scoperta, continuavo anch'io a cedere calore. Ho teso l'orecchio verso la branda di Vincenzo, l'ho sentito agitarsi, poi il silenzio. Dev'essere arrivato da solo dove voleva portarmi.

Come gli altri giorni mi sono alzata all'alba, per studiare sul tavolo della cucina. Di pomeriggio a volte era impossibile, in quella casa. È venuto presto anche lui, ha aperto il rubinetto alle mie spalle e aspettato che uscisse l'acqua più

1 **il campo di battaglia:** Schlachtfeld. | 3 **il capẹzzolo:** Brustwarze. | **eretto/a** (*erịgere*): steif, aufgerichtet. | 6 **il pube:** Schamhügel. | **bloccarsi:** innehalten, stocken. | 12 **ansimare:** keuchen, schnaufen. | **irreparạbile** (agg.): unvermeidlich. | 14 **insonnolito/a:** schlaftrunken. | 17f. **surriscaldato/a:** überhitzt. | 20 **la branda:** (Klapp-)Bett.

fresca. L'ho sentito bere a lungo, a grossi sorsi rumorosi. Tenevo la testa su qualche guerra nel libro di storia, ma avevo perso l'attenzione. È rimasto alcuni minuti lì dietro, non avvertivo nessun movimento. Poi si è accostato alla mia sedia, mi ha baciato la fronte dopo averla liberata dai capelli. È sparito senza dire niente.

1 **rumoroso/a:** geräuschvoll, laut.

19.

La calligrafia svolazzante sulla busta chiusa arrivata la mattina era di Lidia, la sorella di mio padre carabiniere. Sul lato del destinatario aveva scritto solo il mio nome di battesimo, il cognome della famiglia presso cui doveva essere recapitata e il paese. L'indirizzo esatto non lo conosceva, ma non aveva messo neppure il suo, dalla parte del mittente. Anche senza la via, il postino ha consegnato la lettera e la madre me l'ha data al rientro da scuola.

– Non ti pensare che la leggi mo, apparecchia, – ha ordinato aspra.

Era irritata con me, in quei giorni, dopo che la Perilli le aveva parlato per strada. Le aveva detto che ero un'alunna brillante e l'anno seguente avrei dovuto iscrivermi a un liceo in città. Lei, la professoressa, avrebbe vigilato sulle decisioni della famiglia al riguardo e si sarebbe rivolta agli assistenti sociali se necessario. Con questa minaccia l'aveva lasciata davanti alle Poste.

– Quella vuole venire a comandare dentro a 'sta casa, dice che tu non puoi fa' la fine dei figli maschi. Che l'ho obbligati io a non andarci più? – si era sfogata la madre.

– E poi è colpa mia se tu sei troppo brava? Consumi pure la luce per studia' la mattina presto e io mi sto zitta.

Dopo pranzo ha voluto che lavassi i piatti, anche se non

2 **la calligrafịa:** Handschrift | **svolazzante** (agg.): flatternd. | 4f. **il nome di battẹsimo:** Tauf-, Vorname. | 14 **iscrịversi:** sich anmelden. | 15 **vigilare:** überwachen. | 16 **al riguardo:** diesbezüglich. | 21 **sfogarsi:** sich abreagieren.

mi toccava, e poi mi ha chiesto di asciugarli. Di solito sgocciolavano da soli sul lavandino, ma quel giorno avevo fretta di aprire la busta e lei mi faceva perdere tempo di proposito.

Lidia aveva scritto un semplice biglietto. Dalla carta piegata sono piovute alcune banconote da mille lire. Era stata informata del mio trasferimento, così lo chiamava, e le dispiaceva, ma io ero una ragazzina tanto intelligente e lei confidava nella mia capacità di ambientarmi. Purtroppo era lontana e impegnata con il lavoro e la famiglia, altrimenti sarebbe scesa a vedere come mi trovavo dai genitori veri. Non sono cattivi, mi rassicurava, sono i nostri stracugini, miei e di tuo padre. Sapevo che eri figlia loro, ma non spettava a me dirtelo. E poi ero sicura che saresti rimasta per sempre con mio fratello e mia cognata. A volte basta poco e la vita cambia all'improvviso.

Seguivano alcune domande, forse non aveva realizzato che omettendo il suo indirizzo non poteva ricevere risposta. Concludeva anticipando che sarebbe venuta a trovarmi in estate, durante le ferie. Nel frattempo i soldi mi sarebbero stati utili per piccole spese personali. Anche lei si preoccupava solo di quelli, come se lì dov'ero non mi mancasse altro.

Sono rimasta con il foglio inerte tra le mani. Una rabbia acida mi è salita dallo stomaco, come un'onda a rovescio. La madre si è avvicinata, attratta dalle banconote che aveva visto volare. Le ha raccolte lei e me le ha tese, mi ha chiesto di lasciargliene un paio. Ho alzato le spalle senza forza, l'ha preso per un cenno di assenso. Non c'era nessu-

1 f. **sgocciolare:** abtropfen. | 3 **di proposito:** absichtlich. | 8 **ambientarsi:** sich eingewöhnen/einleben. | 23 **inerte** (agg.): leblos, tatenlos. | 24 **a rovescio:** verkehrt herum. | 28 **l'assenso:** Zustimmung.

no in casa, a quell'ora. Si è chinata a cercare qualcosa nel vano sotto il lavandino, tra bottiglie piene o vuote, pattumiera, tane di scarafaggi. Ha richiuso la tendina sull'odore di muffa e si è girata. Ero di fronte a lei, a pochi centimetri.

– Dov'è mia madre?

– Che ti sei cecata? – ha risposto con un gesto verso la sua persona.

– L'altra. Vi decidete a raccontarmi che fine ha fatto? – e ho gettato in aria la lettera di Lidia.

– Io che ne so dove sta? L'ho vista una volta sola, poco tempo prima che tornavi. È venuta a parlarci, l'ha accompagnata un'amica sua –. Ansimava leggermente, un sudore le inumidiva i baffetti.

– Non è morta? – l'ho incalzata.

– Ma come ci pensi? Quella campa cent'anni, con la vita comoda che fa, – ha riso nervosa.

– Quando mi ha mandato da voi stava male.

– Boh, allora io non lo so –. Le duemila lire che aveva riposto nel reggiseno si erano mosse e sbucavano dalla scollatura a V della maglia.

– Ma devo restare qui per sempre o più in là mi verranno a riprendere? – ho tentato.

– Tu rimani con noi, questo è sicuro. Ma non mi domanda' di Adalgisa, te la devi vede' con lei.

1 **chinarsi:** sich hinunterbeugen. | 2 **il vano:** Fach, Hohlraum. | 3 **lo scarafaggio:** Küchenschabe. | **la tendina** (dim.): *la tenda.* | 4 **la muffa:** Schimmel. | 7 **cecare** (dial., reg.): erblinden. | 15 **incalzare:** drängen. | 16 **campare** (fam.): leben. | 19 f. **riporre** (*ripongo, riposto*): zurücklegen; hier: hineinstecken. | 20 f. **la scollatura a V:** V-Ausschnitt. | 25 **verdẹrsela con qu/qc:** mit etwas/jdm. zurechtkommen.

– E quando? E dove? Qualcuno me lo vuole dire? – le ho gridato sulla faccia così vicina.

Le ho strappato dal petto le banconote arrotolate e le ho ridotte in pezzi. Gelata dallo stupore non ha avuto il tempo di fermarmi, non ha reagito subito. Mi ha guardato con le pupille fisse e nere. Ha scoperto i denti e le gengive, come un cane che si prepara alla lotta. Lo schiaffo è partito freddo, potente, ho vacillato. Un passo da una parte, per non perdere l'equilibrio. Lì era rimasta la bottiglia dell'olio che lei aveva trovato sotto il lavandino. L'ho urtata e si è rotta. Per qualche attimo abbiamo seguito quasi ipnotizzate la macchia gialla e trasparente che si allargava piano sulle mattonelle, oltre i vetri e sui frammenti di carta moneta.

– Era mezza piena ed era l'ultima. Quest'anno ci vieni pure tu a cogliere le olive, così t'impari a guadagnarlo quello che mangi, – ha detto prima di cominciare a picchiarmi la testa che aveva comandato tutto quel disastro.

Mi proteggevo con le mani sopra le orecchie e lei cercava spazi scoperti dove colpire e far più male.

– No, no, a essa no! – Era l'urlo di Adriana appena rientrata con Giuseppe, non avevo potuto sentire la porta. – Mo pulisco io, non devi mena' pure a essa, – ha insistito fermando un braccio della madre, nel tentativo di difendere la mia unicità, la differenza tra me e gli altri figli, lei compresa. Non mi sono mai spiegata il gesto di una bambina di dieci anni che le buscava ogni giorno, ma voleva salvare il privilegio di cui godevo io, la sorella intoccabile tornata da poco.

Ha ricevuto una spinta che l'ha mandata in ginocchio sui

8 **vacillare:** schwanken. | 13 **il frammento:** Bruchstück; hier: Fetzen. | 24 **l'unicità:** Einzigartigkeit. | 27 **intoccabile** (agg.): unberührbar.

vetri unti. Dal box Giuseppe si è unito ai suoi strilli di dolore. L'ho aiutata ad alzarsi dal pavimento e sedersi, ho cominciato a staccare con le dita i pezzetti conficcati nella pelle. Il sangue le colava lungo la peluria che a volte hanno le bambine di quell'età. Abbiamo sentito sbattere la porta e il pianto del piccolo spegnersi all'improvviso, la madre se l'era portato via. Per i frantumi più minuti ho dovuto usare una pinzetta per le sopracciglia, che Adriana chissà come possedeva. Le scappava qualche *ahi*, ogni tanto. Dovevo anche disinfettarla.

– Ci sta solo lo spirito, – ha detto rassegnata.

Ho pianto pure io mentre urlava per il bruciore, e le ho chiesto scusa, che era tutta colpa mia.

– Non l'hai fatto apposta, – mi ha assolta, – ma mo ci aspettano sette anni di disgrazie. Questa è la prima. L'olio vale come lo specchio.

Alla fine le ho fasciato le ginocchia con dei fazzoletti da uomo, non avevamo altro. Quando si è alzata le sono scesi alle caviglie. Ha voluto aiutarmi a pulire, stavamo attente a non tagliarci. Ha visto la lettera sul pavimento e le banconote strappate, le ho raccontato la storia.

– Stai sempre zitta zitta, oggi tutt'insieme t'ha pigliato un capistorno? – si è informata guardando in giro per la cucina. – Almeno li hai nascosti i soldi che ti sono rimasti?

La madre li aveva poggiati sul tavolo appena raccolti,

3 **ẹssere conficcato/a:** steckenbleiben. | 4 **la peluria:** Flaum. | 7 **il frantume:** Scherbe, Splitter. | **minuto/a:** winzig, klein. | 11 **rassegnato/a:** resigniert, niedergeschlagen. | 12 **il bruciore:** Brennen, Schmerz. | 14 **assọlvere** (*assolto*) **qu da qc:** jdn. von etwas freisprechen. | 15 **la disgrazia:** Unglück. | 23 **lu capistorno** (dial.): Schwindel; hier: Wutausbruch.

ma erano spariti. Doveva averli presi prima di uscirsene, a risarcimento dei danni che avevo combinato. Più tardi è rientrata come se nulla fosse accaduto, lei usava così. Ci ha ordinato di pelare le patate per la cena.

– Questa di sotto dice che sei la più brava della scuola, – ha riferito con un istante di fierezza nella solita voce apatica, ma forse l'ho solo immaginato. – Non ti rovinare la vista sopra ai libri, che gli occhiali costano, – ha aggiunto.

Non mi ha più picchiata, dopo quella volta.

2 **il risarcimento:** Entschädigung. | 6 **la fierezza:** Stolz.

20.

Non lo vedevamo da giorni. Le dicerie del paese lo volevano con una banda di ladruncoli che scorrazzavano per le campagne e colpivano nei casolari, alla stessa ora in posti diversi, a sentire le voci.

Il prosciutto che aveva portato era finito presto. La madre aveva segato l'osso in più pezzi mentre io e Adriana tenevamo le estremità. Li aveva bolliti uno a uno con i fagioli, e le zuppe venivano grasse e saporite. La dieta era rimasta invariata per un po' e i nostri intestini erano in subbuglio.

Mia sorella non è venuta a scuola quella mattina, aveva mal di pancia. La vedova del piano terra ha aperto la porta quando ha riconosciuto i miei passi.

– Attenta che oggi deve succedere una disgrazia, – ha annunciato. – Stanotte due civette cantavano alla finestra della camera di tua madre, – ha risposto al mio sguardo interrogativo.

All'uscita dalle lezioni l'aria era troppo calda per il periodo. Attraversavo la piazza tra le bancarelle del mercato che stavano smontando. Davanti al furgone della porchetta un mulinello di vento ha sollevato polvere e cartacce, il vendi-

3 **il ladruncolo** (fam.): Langfinger. | **scorrazzare** (fam.): umherfahren, sich herumtreiben. | 4 **il casolare:** abgelegener Hof, Gehöft, Weiler. | 9 **saporito/a:** schmackhaft, wohlschmeckend. | **la dieta:** hier: Ernährungsweise. | 10 f. **in subbuglio:** in Aufruhr. | 17 f. **interrogativo/a:** fragend. | 21 **la porchetta:** Spanferkel. | 22 **il mulinello:** Luftwirbel. | **la cartaccia:** Altpapier, Papierabfall.

tore ha subito coperto l'avanzo con una tovaglia. Mi ha vista, come tutti i giovedì.

– Che ci fai tu qua? Non lo sai di tuo fratello?

Ho detto no con la testa.

– Un incidente, al curvone dopo la draga.

Mi sono fermata. Non ho voluto chiedere di quale fratello parlava. Ha aggiunto che i nostri genitori si trovavano sul posto. Non ricordo con che mezzo ci sono arrivata anch'io, a chi ho chiesto di accompagnarmi.

C'erano delle macchine parcheggiate sul ciglio della strada, dietro a quella della polizia. Qualcuno l'aveva chiamata per un furto, non si fidavano più dei carabinieri del paese che non li acchiappavano mai, quegli scapestrati. Gli agenti avevano inseguito il vecchio motorino smarmittato e alla curva una sbandata, forse su un po' di ghiaia o una chiazza d'olio, l'aveva mandato fuori. Il ragazzo che guidava si era tenuto al manubrio e non aveva riportato ferite gravi, lo stavano già operando in ospedale.

Vincenzo aveva perso la presa intorno alla vita del suo amico. Era volato sopra l'erba autunnale, fino al recinto delle mucche. Chissà se aveva visto, in quei minimi istanti staccato da terra, su che cosa andava a impigliarsi. Era caduto con il collo sul filo spinato, come un angelo troppo stanco per battere le ali un'ultima volta, oltre la linea fatale. Le

5 **il curvone** (accr.): *la curva.* | **la draga:** Bagger. | 10 **il ciglio** (pl. *i cigli / le ciglia*): hier: Rand. | 13 **acchiappare:** einfangen, erwischen. | **lo scapestrato / la scapestrata:** liederliche Person, Faulenzer(in). | 14 **smarmittato/a:** ohne Auspuff. | 15 **la sbandata:** Schleudern, Ausbrechen. | **la ghiaia:** Schotter, Kies. | 17 **il manubrio:** Lenkrad. | **riportare ferite:** Blessuren davontragen. | 19 **la vita:** hier: Taille. | 22 **impigliarsi:** hängenbleiben. | 23 **il filo spinato:** Stacheldraht. | 24 **fatale** (agg.): verhängnisvoll.

punte di ferro erano penetrate nella pelle, avevano aperto la trachea e reciso le arterie. Era rimasto appeso con la testa verso gli animali al pascolo, il corpo floscio dall'altra parte, sulle ginocchia, un piede torto. Le mucche si erano voltate a guardarlo, poi avevano abbassato i musi e si erano rimesse a brucare. Quando sono arrivata, il contadino immobile si reggeva al manico del forcone, davanti alla morte accaduta nel suo campo.

I poliziotti hanno detto che bisognava attendere il medico. Appoggiata a un albero, lo vedevo un po' da lontano, Vincenzo. Non so perché non l'avevano coperto, stava lì, esposto ai curiosi, come uno spaventapasseri mal riuscito. Si era levato un vento leggero, gli muoveva a tratti i lembi della camicia.

Mi sono accoccolata, scendendo con la schiena lungo le scabrosità della corteccia. Da qualche parte le grida della madre, come ululati di giorno. Poi il silenzio occupato da una voce bassa che provava a consolarla. Di tanto in tanto si alzavano al cielo anche le bestemmie del padre, accompagnate dalle braccia minacciose verso Dio. Altre mani gliele stringevano, nel tentativo di calmarlo.

Mi sono sdraiata su un fianco e raccolta in posizione fetale sopra il minuscolo popolo dell'erba. Qualcuno mi ha notata, si è avvicinato. L'Arminuta, dicevano, oppure: la sorel-

2 **la trachẹa:** Luftröhre. | **recịdere** (*reciso*): abschneiden. | 3 **il pạscolo:** Weide. | **floscio/a:** schlaff. | 4 **torto/a** (*tọrcere*): verdreht. | 6 **brucare:** grasen. | 7 **il mạnico:** Stiel, Henkel, Traggriff. | **il forcone:** Heugabel. | 12 **lo spaventapạsseri** (invar.): Vogelscheuche. | 13 **il lembo:** Zipfel. | 16 **la scabrosità:** Rauheit. | **la corteccia:** Rinde. | 17 **l'ululato:** Heulen (von Hunden, Wölfen etc.). | 19 **la bestemmia:** Fluch. | 22 f. **la posizione fetale:** Embryostellung.

la. Li sentivo, ma come attraverso un vetro. Mi hanno toccato una spalla, i capelli, mi hanno preso per le ascelle e tirata almeno su a sedere. Non era sostenibile che restassi per terra in quel modo. Raccontavano tra loro dell'incidente, senza risparmio di particolari, come se io non fossi lì. Chiedevano se i ragazzi erano stati a rubare, prima. Uno giurava di sì, ma non sapeva dove e cosa. I poliziotti avevano trovato soltanto, sbalzate dal motorino, due canne da pesca e una sacca con dei lucci dentro, catturati giù al fiume in quella mattina di sole. Forse mio fratello avrebbe voluto portarceli per cena, come il prosciutto. Due uomini si meravigliavano, non ne avevano mai visti di così grossi da quelle parti.

La luce si alternava all'ombra delle nuvole in arrivo dalla montagna e a un freddo improvviso. Hanno pensato di accompagnarmi al casolare, per un bicchiere d'acqua. Mi sono rifiutata. Dopo un po' è venuta la contadina con una tazza di latte delle sue mucche.

– Tieni, – ha detto.

Ho scosso la testa, poi qualcosa di lei, lo spessore della mano sopra la mia guancia, mi ha convinta a provarci. Ho bevuto un sorso, ma sapeva di sangue. Ho restituito la tazza mentre la pioggia cominciava a caderci dentro.

Vincenzo non è tornato a casa, lì non c'era spazio per una veglia funebre. La chiesa parrocchiale ha accolto la bara d'a-

8 **sbalzato/a:** weggeschleudert. | 8 f. **la canna da pesca:** Angelrute. | 9 **il luccio:** Hecht. | 14 **alternarsi a qc:** sich mit etwas abwechseln. | 20 **lo spessore:** Stärke; hier: Gewicht. | 22 **sapere di qc:** nach etwas schmecken. | 25 **la veglia fụnebre:** Totenwache. | **la chiesa parrocchiale:** Pfarrkirche.

bete grezzo con lui, vestito della maglia e dei pantaloni a zampa d'elefante che si era comprato da poco. Il medico condotto gli ha suturato per pietà la ferita larga sul collo. I punti somigliavano alle spine di ferro che gli si erano incarnate alla fine del volo. Quel taglio non avrebbe avuto il tempo di cicatrizzarsi come la lisca di pesce sulla tempia. Nella penombra forte d'incenso il viso appariva gonfio e livido, tranne alcune zone improvvisamente chiare, con sfumature quasi verdastre.

Adriana era stata l'ultima a sapere. Un lungo sfogo di pianto, buttata sul letto vuoto del fratello.

– Mo non te li posso rida' più i soldi che mi hai prestato, – gli ripeteva nell'assenza.

Dopo si era messa a rovistare per le stanze, con le mani febbrili nei cassetti, negli stipi, nei barattoli. L'ho vista chiudersi qualcosa in una tasca, prima di uscire per raggiungerlo in chiesa. Le vicine giravano intorno alla cassa sistemando accanto al corpo gli oggetti utili nell'aldilà di Vincenzo: pettine, rasoio, fazzoletti da uomo. Spiccioli per pagare a Caronte il passaggio in barca. Poi si è accostata Adriana, gli ha toccato le dita incrociate sul petto.

1 **grezzo/a:** grob, roh. | 1 f. **i pantaloni a zampa d'elefante:** Schlaghosen. | 2 f. **il mẹdico condotto:** Amtsarzt. | 4 f. **incarnarsi:** hier: sich hineinbohren. | 6 **cicatrizzarsi:** vernarben. | 7 **la penombra:** Halbdunkel, Dämmer. | **l'incenso:** Weihrauch. | **lịvido/a:** bläulich. | 9 **verdastro/a:** grünlich. | 10 **lo sfogo:** Ausbruch. | 11 **buttare:** (hin)werfen. | 14 **rovistare:** kramen, stöbern. | 15 **febbrile** (agg.): fieberhaft, hektisch. | **lu stipe** (dial.): Küchenschrank. | 17 **la cassa (da morto):** Sarg. | 18 **l'aldilà:** Jenseits. | 20 **Caronte:** Charon, Fährmann, der in der griechischen und römischen Mythologie die Toten über den Acheron, den Fluss der Unterwelt, bringt und dafür mit einer Münze, dem sog. Obulus, entlohnt werden muss. | 21 **incrociato/a:** gekreuzt, verschränkt.

Si è ritratta di colpo, non se le aspettava così fredde e rigide. Ha ripreso dalla tasca il regalo degli zingari e voleva infilarglielo al medio, dove lui lo portava. Non ci è riuscita, ha dovuto ripiegare sul mignolo e si è bloccata solo a metà. Ha ruotato un po' l'anello, dalla parte del decoro inciso nell'argento.

È venuta poca gente a salutarlo, parenti della famiglia e vecchie dei dintorni, il cui unico svago era andare a vedere i morti. È venuta la Perilli e invece di fargli un segno di croce uguale agli altri, lo ha baciato sulla fronte dopo qualche minuto in piedi accanto a lui.

Da un borgo di montagna sono arrivati i nonni paterni, che non si spostavano mai. Si sono seduti accanto al nipote, disteso per sempre. Io non li conoscevo e non so se mi ricordavano neonata. Adriana gli ha sussurrato chi ero e dalla loro immobilità mi hanno considerata un momento, come una forestiera. Si sono ristretti in se stessi. La mia prima madre li aveva già persi, i genitori, e non potevano confortarla.

Verso le undici il parroco ha cominciato a spegnere le candele e ci ha mandati via tutti. Vincenzo è rimasto solo per la sua ultima notte sopra la terra, guardato dagli occhi fissi delle statue.

Nell'omelia della mattina seguente ho distinto solo qualche parola, riferimenti a chi si perdeva in mancanza di una gui-

1 **ritrarsi** (*ritratto*): sich zurückziehen. | 4 **ripiegare su qc:** auf etwas ausweichen. | 4 f. **ruotare:** drehen. | 5 **il decoro:** Verzierung. | 7 **lo svago:** Zerstreuung, Vergnügen. | 11 **il borgo di montagna:** Bergdorf. | **paterno/a:** väterlicherseits. | 14 **il neonato / la neonata:** Neugeborene(r). | 15 **l'immobilità** (f., invar.): Reglosigkeit. | 16 **il forestiero / la forestiera:** Fremde(r). | **restrịngersi in se stesso/a** (dial.): sich in sich zurückziehen. | 22 **l'omelịa:** Predigt.

da certa e ferma, pecorelle smarrite che il Signore avrebbe riaccolto nel suo abbraccio misericordioso grazie alle nostre preghiere. All'uscita uno scroscio d'acqua e un cerchio di ombrelli neri intorno a noi, per le condoglianze. Uno sconosciuto non sapeva dirle, mi ha bisbigliato auguri baciandomi sulle guance. Dev'essere stato allora che mi sono sentita di appartenere alla famiglia di Vincenzo.

Non pioveva più, al cimitero. Eravamo rimasti in pochi con lui. Dalla parte opposta della fossa è comparso a un certo punto mio padre carabiniere, con la mano si teneva il bavero rialzato della giacca davanti alla gola. Mi ha salutata con un cenno leggero del capo e poi ha aperto la bocca come se volesse parlarmi da lì. L'ha richiusa. Portava la barba, come mi aveva detto Nicola, e appariva un po' trasandato. Quasi non ho reagito all'incontro così atteso, non mi sono avvicinata a lui, tanto in quel momento non avrei saputo cosa chiedergli. Dopo qualche minuto già non c'era più.

Sono arrivati anche gli zingari e si sono messi in disparte, dove puntava uno sprazzo di sole. Erano in quattro, credo dell'età di mio fratello, tranne uno che sembrava più adulto e indossava una camicia viola dal grosso collo, con un bottone da lutto appuntato sul petto. Avevano scarpe lustre e la brillantina nei capelli scuri pettinati all'indietro, come la domenica. Hanno reso omaggio così al loro compagno, con la sola presenza.

Oltre il muro di cinta li aspettavano i cavalli, lasciati liberi.

2 **misericordioso/a:** barmherzig. | 3 **lo scroscio d'acqua:** Platzregen. | 11 **il bạvero:** Kragen. | 14 **trasandato/a:** ungepflegt, verwahrlost. | 19 **lo sprazzo:** Strahl. | 22 **lustro/a:** blank, poliert. | 23 **la brillantina:** Pomade. | 24 **rẹndere omaggio a qu:** jds. gedenken, jdm. die Ehre erweisen. | 26 **il muro di cinta:** Einfriedungsmauer.

21.

Siamo tornati nella casa gelata. Quella notte la neve era comparsa in anticipo sulle montagne e da qualche ora il vento sferzava la valle. I vetri delle finestre malferme tintinnavano, gli spifferi soffiavano nelle stanze. La vicina, che aveva tenuto Giuseppe durante il funerale, ce l'ha riportato, ma quando si è avvicinata alla madre con il bambino in braccio, quella si è voltata dall'altra parte. Nemmeno Adriana lo ha voluto. L'ho preso io, mi sono messa su una sedia e ho appoggiato la testa al muro. Lo reggevo appena, senza forza. Sentiva che non c'era da fidarsi e non si muoveva. Le donne degli altri piani avevano preparato il cònsolo, cibo e bevande per noi, sul tavolo. Non so se qualcuno ha mangiato.

Dopo un po' Giuseppe dava segni di irrequietezza, voleva scendere. Ha gattonato fino alla mamma vestita di nero, l'ha guardata di sotto in su con i grandi occhi interrogativi. Deve averlo visto anche lei, dall'alto della sua desolazione. L'ha aggirato per andare a stendersi sul letto e c'è rimasta fino al pomeriggio seguente. A turno le vicine le hanno accostato una tazza di brodo caldo, come le volte che aveva partorito, ma torceva sempre la bocca.

Nei giorni successivi ci invitavano a ogni pasto, ora l'una ora l'altra. Io preferivo restare lì e arrangiarmi con pane e

4 **sferzare:** peitschen. | 5 **lo spiffero:** Luftzug. | 10 **reggere:** hier: halten können. | 12 **lu cònsolo** (dial.): Trauermahl der Verwandten bzw. Nachbarn für den Toten. | 15 **l'irrequietezza:** Unruhe, Rastlosigkeit. | 19 **aggirare:** umrunden, umgehen. | 21 f. **partorire:** entbinden.

qualcosa o con quello che Adriana riportava per me dalle loro cucine.

Di notte credevo di sentire Vincenzo che si muoveva tra le lenzuola e allora la morte era stata solo un sogno o uno scherzo riuscito. In alcuni momenti era il suo odore così certo a diffondersi nella camera. Quanta durezza nel ritorno alla realtà dell'assenza, poi. Mi ha anche svegliato di soprassalto il respiro sul viso, come quando mi aveva cercata nel buio.

Non era l'unico che occupava le ore d'insonnia. Al cimitero pensavo di averlo appena notato, mio padre, ma la sua faccia coperta a metà dalla barba tornava, insistente. Gli occhi severi, anzi, delusi. Aveva rinunciato a parlare con me, di questo ero sicura. Magari temeva che gli chiedessi ancora di portarmi a casa, o forse c'era di più nello sguardo. Il peso di un rimprovero taciuto. E se avesse deciso lui di mandarmi via? Quella possibilità non l'avevo mai immaginata. Ma quale poteva essere la mia colpa? Gli avevano raccontato di un bacio nei corridoi della scuola? Troppo poco per togliersi una figlia. Lo capivo anche così ragazzina, anche nelle fantasie ingigantite dalla notte. Se qualcosa avevo sbagliato, io non lo ricordavo.

All'inizio la madre passava gran parte del tempo a letto, coricata su un fianco a occhi aperti. Giuseppe voleva starle accanto e non le dava fastidio. Le gocce di latte che fino a un paio di giorni avanti succhiava ancora, si erano seccate nei seni. Le rimaneva accucciato addosso, in quel calore passivo. Scavalcava il corpo abbandonato, ci girava intorno. Dopo alcuni tentativi non provava neanche a richiamare la sua

7f. **di soprassalto:** plötzlich. | 9 **l'insonnia:** Schlaflosigkeit. | 11 **insistente** (agg.): beharrlich, aufdringlich. | 15 **taciuto/a:** verschwiegen. | 23 **coricato/a:** liegend. | 27 **scavalcare:** überklettern.

attenzione, sarebbe stato inutile. A volte però urlava all'improvviso e io accorrevo. Ferma qualche attimo nella stanza, non sapevo cosa fare. Lei mi guardava con quegli occhi. Allora prendevo in braccio Giuseppe e lo portavo via.

Poi ha cominciato ad alzarsi e le vicine, trovandola in piedi, hanno smesso di aiutarci. Ma la madre non muoveva niente in casa, appena le bastavano le forze s'incamminava lungo la statale, fino alla strada dei cipressi. Vestiva sempre di nero e i capelli spettinati sembravano foglie rimaste attaccate ai rami di un albero d'inverno. Una mattina le ho chiesto di accompagnarla, mi ha fissata senza rispondere. L'ho seguita un passo indietro, non ci siamo scambiate una parola per due chilometri. Si è animata solo sulla terra che copriva Vincenzo. Da morto era l'unico figlio che contava, per lei.

Sulla via del ritorno la osservavo, di nuovo in cammino davanti a me. Frenavo le gambe, accordando l'andatura alla sua. Le erbacce della scarpata la graffiavano e non le sentiva. A momenti deviava invece verso la linea di mezzeria, senza accorgersi del pericolo. Un clacson l'ha fatta trasalire, prima che io avessi il tempo di correggere la sua traiettoria. La mia pena si è di colpo cambiata in rabbia, mi ha incendiato dentro. Eccola lì, la madre dolorosa di quello scapestrato. Era tutta per lui, chiuso tra le tavole di legno. Non aveva niente per me, che sopravvivevo. Di certo quando mi aveva data,

2 **accọrrere** (*accorso*): herbeieilen. | 7 **incamminarsi:** sich auf den Weg machen. | 8 **la statale:** Staatsstraße. | 9 **spettinato/a:** ungekämmt, zerzaust. | 19 **deviare:** abirren. | **la mezzeria:** Mittelstreifen. | 20 **trasalire:** aufschrecken. | 21 **la traiettoria:** (Lauf-)Bahn. | 23 **la madre dolorosa:** Mater dolorosa, schmerzensreiche Mutter (Maria). | 24 **la tạvola:** hier: Brett.

creatura di pochi mesi, non si era ridotta così. L'ho raggiunta e superata, ho continuato senza voltarmi indietro a guardare se si salvava dalle macchine. Se qualcuno doveva proteggerla, non ero io.

Dopo alcuni giorni la Perilli ha suonato giù al portone, ha chiesto di me e Adriana. Siamo scese noi, ci vergognavamo di accoglierla in casa.

– Domani tornate a scuola, tutte e due, – ha detto imperiosa. Non ha aggiunto altro, il marito l'aspettava in macchina con il motore acceso.

– Io ci rivado perché mi tiene voglia, mica per essa, non è manco la mia maestra, – ha ribattuto Adriana per le scale.

Dopo le lezioni dovevamo cucinare noi qualcosa per tutti, di solito una minestrina. Ai primi tentativi mettevo poca acqua nella pentola o lasciavo scuocere la pasta, se mia sorella non stava attenta a cosa combinavo.

– Sei tutta coccia, – si scoraggiava. – Con le mani sai tene' solo la penna.

Lei era abile anche nelle spese, dal fruttivendolo comprava un chilo di patate e chiedeva in omaggio carote e cipolla per i nostri brodi vegetali. Dal macellaio due etti appena di macinato e degli scarti per il cane inesistente. Avremmo bollito anche quelli, ma per noi. Oggi non mangio nulla che possa assomigliare alla nostra dieta di quel periodo. Il lesso mi stimola il vomito solo a sentirne l'odore.

8 f. **imperioso/a:** gebieterisch. | 12 **ribạttere (a qu):** (jdm.) entgegnen. | 15 **scuọcere** (*scotto*): verkochen. | 17 **scoraggiarsi:** den Mut verlieren, verzagen. | 19 **il fruttivẹndolo / la fruttivẹndola:** Obsthändler(in). | 20 **in omaggio:** geschenkt. | 22 **il macinato:** Gehacktes. | **inesistente** (agg.): nicht vorhanden.

– Segna, che alla fine del mese passa papà, – prometteva Adriana a ogni negoziante. Così pronta e svelta, con il sacchetto già in mano, li disarmava. Dietro di lei, ero solo una muta presenza di rinforzo. Mi accompagnava fuori il disagio per quelle brevi occhiate su di noi, mentre ci servivano a bocca chiusa.

Mia sorella era anche fragile. Si rifugiava giù al piano terra, dalla vedova. In cambio di compagnia e qualche servizio, riceveva affetto e nutrimento. Portava con sé Giuseppe, «sennò questo si muore» le è sfuggito una sera che sono risaliti con lui mezzo addormentato.

La madre aveva perso la fame e non pensava alla nostra. Tornando dal turno alla fornace il padre portava a volte un po' di mortadella o delle alici salate, se la bottega di alimentari era ancora aperta. Per il resto si accontentava delle pastine che preparavamo noi. Alla moglie non diceva niente.

Certi pomeriggi lei sedeva, le braccia inerti sul tavolo della cucina. Non c'era nessuno, in quelle ore. Tagliavo il pane, lo ungevo con l'olio e spostavo il piatto nella sua direzione, ma non troppo vicino. Mi sedevo anch'io, di fronte, e cominciavo a mangiare. Spingevo un altro po' il piatto, con un dito appena. Se non si sentiva forzata, poteva anche prendere una fetta e morderla, quasi per un riflesso involontario. Masticava lenta, come chi non è più abituato.

– Ci manca il sale, – ha detto in uno di quei momenti.

1 **segnare:** hier: anschreiben. | 2 **il/la negoziante:** Händler(in). | 3 **disarmare:** hier (fig.): entwaffnen. | 4 **il rinforzo:** Verstärkung. | 7 **rifugiarsi (da qualche parte):** (irgendwohin) flüchten. | 9 **il nutrimento:** Nahrung. | 14 **l'alice** (f.): Sardelle. | 16 **la pastina** (dim.): hier: kleine Mahlzeit.

– Scusa, me ne sono dimenticata –. Le ho passato il barattolo.

– No, va bene pure senza, – e ha finito il pane che teneva in mano.

Sono seguiti altri giorni di silenzio. Aveva di nuovo ingoiato la voce.

Una domenica mi ha vista alle prese con una cipolla per il brodo vegetale.

– Mangiate sempre la minestrina, – è sbottata. – Non lo sai fare il sugo?

– No.

– Metti l'olio e soffriggi –. Abbiamo aspettato l'odore della cipolla imbiondita. Ha aperto lei la bottiglia di salsa che avevamo preparato in agosto e io l'ho versata nel tegame. Mi ha istruita sull'altezza della fiamma e sulle erbe aromatiche da aggiungere.

– La pasta la scolo io, – ha detto poi. – Tu non sei pratica, ti cuoci sicuro.

Ho servito i rigatoni al pomodoro a tutta la famiglia e sembravano contenti di un pasto normale, però nessuno ha fiatato. Lei ne ha accettati tre o quattro poco conditi. Si è seduta con gli altri, come quando Vincenzo era vivo, ma ha tenuto il piatto in grembo sotto il bordo del tavolo e ha mangiato così, a testa bassa.

5 f. **ingoiare:** verschlucken. | 9 **sbottare:** herausplatzen. | 12 **soffriggere** (*soffritto*): anbraten, anrösten. | 13 **imbiondito/a:** angeschwitzt, angebräunt. | 17 **scolare la pasta:** das Nudelwasser abgießen. | 21 **fiatare:** den Mund aufmachen, sprechen.

22.

La Mercedes color crema ha parcheggiato al centro del piazzale, subito circondata dai bambini increduli. Sono scesi due uomini, uno con i baffi e l'altro con un cappello bianco a falda larga. Li ho visti dalla finestra, chiedevano qualcosa a un ragazzino e lui indicava nella mia direzione. Sembravano zingari e ho avuto un po' di paura, ma non hanno nemmeno suonato il campanello. Si sono appoggiati al cofano e hanno atteso fumando. Di tanto in tanto li controllavo dall'alto senza farmi vedere.

Quando il padre è apparso giù in fondo, di ritorno a piedi dalla fornace, hanno buttato le cicche sull'asfalto e gli sono andati incontro come se lo riconoscessero. Lui ha solo rallentato e li ha guardati a distanza, poi si è diretto verso il portone ignorandoli. Gli hanno sbarrato il passo e dai gesti ho capito che parlava quello con i baffi, all'inizio. Forse chiedeva di salire. Ho aperto un'anta per ascoltare.

– Alla casa mia gli zingari non ci entrano. Me lo dite ecco che volete.

L'accelerazione di un motore ha coperto la risposta, poi ancora la voce del padre, aumentata di tono.

– Se mio figlio teneva i debiti con voi, io non lo so e non lo voglio sapere. Andate a ricercarglieli dove sta mo, i soldi vostri.

5 **la falda:** Krempe. | 8 **il cọfano:** Motorhaube. | 12 **la cicca** (fam.): Zigarettenstummel. | 15 **sbarrare il passo a qu:** jdm. den Weg verstellen. | 21 **aumentato/a di tono:** lauter, in aufgeregterem Tonfall. | 23 **ricercare qc da qu:** nach etwas bei jdm. suchen.

Il più vicino gli ha toccato un braccio come per calmarlo, lui lo ha spinto e il cappello è volato via rotolando bianco. Adriana mi aveva raggiunto alla finestra, abbiamo trattenuto il fiato.

Non è successo niente, i due sono rimontati in macchina e partiti, nostro padre è rientrato sbattendo la porta.

Alcuni giorni dopo ci hanno affiancate all'uscita da scuola, ma non erano gli stessi e l'auto, che guardavamo solo di traverso, ci è sembrata molto più piccola e ammaccata in vari punti. Adriana mi ha preso la mano e ci siamo unite a qualche sua compagna di classe. Ci seguivano a passo d'uomo mentre camminavamo lungo il marciapiede, poi ci superavano di poco e si fermavano ad aspettare. Dopo la piazza siamo rimaste sole, le altre avevano svoltato. È sceso il ragazzo che non guidava ed è venuto verso di noi con un mezzo sorriso. Mia sorella mi ha stretta con il palmo sudato, era il segnale convenuto per il nostro dietro front. Quella volta era lei la più spaventata, ne aveva sentite di storie sugli zingari che rapivano i bambini. Siamo tornate svelte verso la scuola, ma all'angolo del tabaccaio abbiamo quasi abbracciato chi ci cercava.

– Ma perché scappate? Non voglio darvi fastidio, solo una domanda!

Poteva avere vent'anni e da vicino sembrava più attraente che minaccioso. Anche Adriana si è rassicurata, ha mollato la mia mano e con un cenno del mento gli ha concesso di parlare. Lui si sentiva forse in difficoltà con due ragazzine, la sua gentilezza era un po' forzata. Per caso Vincenzo aveva

9 **ammaccato/a:** eingedrückt, verbeult. | 11 f. **a passo d'uomo:** in Schrittgeschwindigkeit. | 17 **il dietro front** (inv.): Kehrtwendung. | 25 f. **mollare:** loslassen. | 28 **forzato/a:** gezwungen, aufgesetzt.

lasciato qualcosa per loro, i suoi amici? E noi magari lo stavamo conservando?

– Ma nostro fratello mica lo sapeva che andava a morirsi. Che avrebbe dovuto lasciare?

I modi spicci di Adriana lo hanno confuso. Ha raccontato di soldi dati in prestito per un motorino che Vincenzo voleva comprarsi. Però li teneva già pronti da restituire, così aveva detto pochi giorni prima della disgrazia. Non potevamo cercarli?

– Figurati se li portava a casa. Si era fatto una baracca di legno da qualche parte giù al fiume e la roba sua la nascondeva là, – ha mentito la furba. Poi ha completato l'opera di depistaggio con indizi vaghi sul posto del capanno. Così ci siamo liberate dei creditori di Vincenzo.

Dopo pranzo l'ho vista con una vecchia scatola di scarpe sotto l'ascella. Mi ha bisbigliato di scendere con lei alla rimessa.

– L'anello che porta nell'aldilà stava ecco, – mi ha detto per le scale. – Però c'erano anche altre cose. Mo dobbiamo guardare bene.

Ci siamo chiuse dentro e ho sollevato io il coperchio del mondo segreto di nostro fratello. Un mazzo di chiavi e non erano quelle di casa. Un coltello a serramanico nuovo fiammante. Il portafogli con la carta d'identità, nella foto sembrava un ricercato. Un calzino solo, gonfio per qualcosa che ne occupava l'interno. Ci sono entrata con la mano, cauta, e

5 **spiccio/a:** forsch, direkt. | 10 **la baracca:** Schuppen. | 13 **il depistaggio:** Irreführung, Ablenkungsmanöver. | **il capanno:** Hütte. | 22 **il mazzo di chiavi:** Schlüsselbund. | 23 **il coltello a serramạnico:** Klappmesser. | 23f. **nuovo/a fiammante:** funkelnagelneu. | 25 **il ricercato / la ricercata:** Person, die zur Fahndung ausgeschrieben ist. | **il calzino:** Socken.

ho riconosciuto al tatto il contenuto. Davanti alla faccia impallidita di Adriana ho estratto un rotolo di banconote tenute insieme da un elastico. C'erano tutti i tagli dalle dieci alle centomila lire. Ecco cosa volevano gli zingari. Chissà se erano proprio soldi loro, o se Vincenzo li aveva guadagnati con i suoi lavori saltuari e messi da parte per il motorino.

Adriana ha saggiato tra i polpastrelli la consistenza della carta moneta, doveva essere la prima volta che toccava un valore diverso dal povero metallo degli spiccioli che pure le capitavano di rado. Era incantata.

– Chi è questo vecchio? – ha chiesto accarezzando la barba di Leonardo su un pezzo da cinquantamila. Parlava sottovoce, come se qualcuno potesse essere nascosto tra il ciarpame intorno.

– E ora? – ho domandato a lei e a me. – Sono troppi, non possiamo tenerli.

– Ma che dici? Troppi non sono mai, – e li ha stretti, in una sorta di spasmo delle dita.

La sua eccitazione mi stupiva. Quella brama degli occhi sopra le banconote. Io non conoscevo nessuna fame e abitavo come una straniera tra gli affamati. Il privilegio che portavo dalla vita precedente mi distingueva, mi isolava nella famiglia. Ero l'Arminuta, la ritornata. Parlavo un'altra lingua e non sapevo più a chi appartenere. Invidiạvo le compagne di scuola del paese e persino Adriana, per la certezza delle loro madri.

Mia sorella ha preso a immaginare tutto quello che

1 **riconǫscere qc al tatto:** etwas erfühlen, etwas tastend erkennen. | 1 f. **impallidito/a:** erblasst. | 2 **il rǫtolo:** Rolle. | 3 **l'elạstico:** Gummiband. | 7 **saggiare:** prüfen. | 10 **di rado:** selten. | 14 **il ciarpame** (spreg.): Zeugs, Gerümpel. | 19 **la brama:** Begehrlichkeit.

avremmo comprato. Il gruzzolo le illuminava il viso dal basso, accendeva le pupille di un appetito differente. Sotto l'incandescenza della lampadina appesa al solaio della rimessa, ho dovuto deluderla mentre sognava troppo in grande, la televisione, una tomba di pietra lucida per Vincenzo, una macchina nuova per nostro padre.

– Ma non bastano, – ho detto toccandole la fronte come se avesse la febbre.

– Con te non ci si capisce niente, – si è spazientita. – Mo sono troppi, mo non bastano.

L'ho vista trasalire per un rumore leggero accanto a lei, come qualcosa in movimento sotto un cartone. L'ha spostato con il piede e una coda sottile è scomparsa dietro una cassetta di peperoni secchi.

– Lo sapevo, – ha sussurrato. – Ecco non ci si possono lasciare, sennò li mangiano i sorci. Riportiamoli sopra, ma teniamo le orecchie ritte, che se li trova Sergio è la fine.

Verso sera è arrivato l'uomo delle pompe funebri. I rientri del capofamiglia erano spesso attesi, in quel periodo. Senza dilungarsi in convenevoli il carriamorti, come lo chiamavano tutti, ha preteso almeno la metà della somma che gli era dovuta per il funerale di Vincenzo. Nostro padre gli ha detto di pazientare ancora un po', la fornace rischiava il fallimento e i proprietari erano mesi indietro con le paghe.

1 **il grụzzolo:** Spargroschen. | 3 **l'incandescenza:** Glühen. | **il solaio:** Dachboden; hier: Decke. | 12 **il cartone:** Pappkarton. | 16 **il sorcio** (fam.): Maus. | 17 **tenere le orecchie ritte:** die Ohren offenhalten, aufpassen. | 18 **le pompe fụnebri:** Beerdigungsinstitut. | 19 **il/la capofamiglia:** Familienoberhaupt. | 20 **dilungarsi:** sich ergehen. | **i convenẹvoli:** Förmlichkeiten. | **lu carriamorti** (dial.): Totengräber.

– I primi soldi che prendo sono i tuoi, te lo giuro su mio figlio, – ha detto, ma l'altro gli ha concesso soltanto una settimana.

Io e mia sorella abbiamo ascoltato a testa bassa, evitando di guardarci. Pensavamo al giorno dopo, alle spese che avevamo programmato. Siamo uscite all'ora dell'apertura pomeridiana dei negozi, sferzate da un nevischio tagliente. L'urgenza di un cappotto per Adriana ci ha portate subito nell'unica bottega di abbigliamento del paese, gestita da una signora che sembrava una patata con la testa. Aveva braccia poco mobili, penzolanti lungo il corpo, e anche le mani corte e grassocce si spostavano in caso di necessità. L'ambiente era però ben illuminato, odoroso di vecchie stoffe impolverate. Ci ha accolte un piacevole tepore diffuso dalla stufa a cherosene, lei invece ci squadrava con sospetto.

– Venite a comprare da sole? Ah già, voi siete quelle che vi si è morto il fratello e allora vostra madre non vi accompagna di sicuro. Poveretta, sempre al cimitero, non se l'aspettava nessuno da lei, – ha snocciolato tutto di seguito. – I soldi almeno li tenete?

Adriana le ha quasi strusciato un Leonardo da Vinci sotto il naso e se l'è rimesso in tasca bello ripiegato in due. Poi abbiamo scelto con calma un loden verde foresta, di una taglia abbondante.

– Mi deve stare anche quando vado alla scuola media, –

6 f. **pomeridiano/a:** nachmittäglich. | 7 **il nevischio:** Schneegestöber. | **tagliente** (agg.): schneidend. | 9 **gestire:** (ein Geschäft) betreiben. | 12 **grassoccio/a:** dicklich, füllig. | 15 **la stufa a cherosene:** Ölofen. | **squadrare:** taxieren, mustern. | 20 **snocciolare:** herunterrasseln, -leiern. | 24 **il loden verde foresta:** forstgrüner Lodenmantel.

ha detto mia sorella alla negoziante, mentre cercava di vedersi allo specchio il piegone dietro la schiena. Il vecchio cappottino gliel'ha lasciato lì, a rovescio sul banco, con la fodera mezza scucita.

Più tardi camminava verso casa con i piedi rigidi dentro i mocassini nuovi, per non rovinarli. Eravamo cariche di formaggini, merendine, dubbi su come giustificare gli acquisti di quel pomeriggio. Avevamo trovato un portafogli con qualcosa dentro, così avremmo detto.

– Non mi si crea di nascondere le provviste giù sotto, ce le mangiamo tutti quanti insieme, – ha concesso Adriana.

Nessuno ci ha chiesto niente, la madre era sempre accorata e il padre distratto dai debiti. I fratelli rimasti si sono limitati a ingozzarsi di pane e Nutella che abbiamo preparato su un vassoio. A Giuseppe ho dato io qualche cucchiaiata.

Per una settimana ci siamo comprate quello che volevamo, ma si trattava sempre di piccole spese, soprattutto dolciumi. La sera che è tornato l'uomo delle pompe funebri abbiamo chiamato più volte nostro padre in camera, e quando si è deciso a venirci gli abbiamo messo in mano il denaro. Così Vincenzo se l'è pagato da solo il funerale.

2 **il piegone** (accr.): *la piega.* | 3 **il cappottino** (dim.): *il cappotto.* | 4 **la fọdera:** Futter. | 6 **il mocassino:** Mokassin, Slipper. | 10 **non mi si crea** (dial.): ich habe keine Lust. | 13 f. **limitarsi a qc:** sich auf etwas beschränken. | 14 **ingozzarsi di qc:** sich mit etwas vollfressen. | 15 **la cucchiaiata:** Klecks, Löffel voll. | 17 f. **i dolciumi:** Süßigkeiten, Süßwaren.

23.

Mancava una settimana alle feste. A ora di pranzo sul tavolo nudo c'erano due cassette di arance, mai viste in quella casa. A fianco un cartone pieno di lattine sovrapposte, alcune di tonno e la maggior parte di carne. Doveva esserci stata una visita di condoglianze tardive quella mattina, mentre io e Adriana stavamo a scuola. Oltre il profumo degli agrumi ne sentivo un altro, a tratti, ma così lieve e incerto da sembrare un sogno.

Giuseppe era seduto in un angolo e piagnucolava, aveva morso la scorza di un frutto e gli sapeva amara. Dalla camera la madre ha detto di aprirci una scatoletta e stare attente al bambino, che lei si era coricata per il mal di testa e non aveva cucinato. Da qualche giorno aveva un po' ripreso i mestieri di casa, ma ogni tanto si rimetteva a letto d'improvviso e restava lì per ore, con gli occhi aperti e vuoti.

Ho sbucciato l'arancia di Giuseppe a partire dall'incisione dei suoi dentini e gli ho offerto uno spicchio. Ammiccava e torceva le labbra per l'asprezza del succo, poi si è abituato, ha sentito anche il dolce e ne ha voluto ancora. Adriana ha aperto una confezione di carne e l'abbiamo mangiata direttamente dalla latta, alternandoci nel pescare i bocconi con

4 **la lattina:** Dose. | 6 **tardivo/a:** nachträglich. | 7 **l'agrume** (m.): Zitrusfrucht. | 8 **lieve** (agg.): mild, leicht, sanft. | 10 **piagnucolare:** wimmern, quengeln. | 11 **la scorza:** Schale. | 12 **la scatoletta** (dim.): *la scạtola.* | 13 **coricarsi:** sich hinlegen. | 18 **lo spicchio:** Stückchen, Schnitz. | 19 **l'asprezza:** Herbheit, Säuerlichkeit. | 22 **la latta:** Blech; hier: Dose. | **il boccone:** Bissen.

le forchette. Dopo lei è scesa con il piccolo giù dalla vedova e io sono rimasta sola. Nella stanza matrimoniale silenzio.

Non c'erano compiti quel pomeriggio, gironzolavo da una parte all'altra della casa, annoiata e inquieta. Il colore di tutti quei chili di frutta sul tavolo. Mia madre del mare era fissata con la vitamina c, quando avevo lezione di danza mi dava sempre due arance già sbucciate da finire in macchina, durante il tragitto. Prima dell'attività fisica facevano bene, diceva. Sono andata dritta allo sgabuzzino, colta da un pensiero. Ho ritrovato la borsa piena di scarpe mescolate tra loro che in agosto mi ero portata come bagaglio, ho rovistato dentro. Dal fondo le dita hanno preso a memoria quelle da danza, in cucina le ho calzate sotto la gonna a quadri. I nastri di raso erano un po' sporchi e sfilacciati, gli alluci subito doloranti come ogni volta dopo le pause estive. Sulle gambe una losanga di luce fredda, dalla finestra. Ho toccato il collo del piede, i muscoli del polpaccio non più allenati. C'erano ancora. Con la mano morbida sullo schienale di una sedia ho provato a risalire in punta controllando la quinta posizione e ho eseguito un *battement tendu* chiudendo in *plié*.

– Gliel'ho detto che devi ritornare alla città a fa' le scuole superiori e 'ste cose belle, – era la madre, dalla porta della camera. Ha aperto il palmo, quasi in un gesto di ammirazio-

3 **gironzolare:** umherstreifen. | 8 **il tragitto:** Strecke, Fahrt. | 9 **lo sgabuzzino:** Abstellkammer. | 13 **calzare:** anziehen. | **la gonna a quadri:** karierter Rock. | 14 **il raso:** Satin. | **sfilacciato/a:** ausgefranst, fusselig. | **l'ạlluce** (m.): großer Zeh. | 16 **la losanga:** Raute. | 17 **il collo del piede:** Spann (des Fußes). | **il polpaccio:** Wade. | 18 **lo schienale:** Stuhllehne. | 20 f. **battement tendu, plié** (fr.): Streckungen, Beugungen, Bestandteile der Aufwärmübungen beim Ballett.

ne. – Stamattina c'è stata Adalgisa e abbiamo parlato di te. Ma io e tuo padre è da quando sei arminuta che ci pensiamo, quella saputona della Perilli si poteva pure sta' zitta. Tu ecco sei sprecata, non ci sta niente. A ottobre di un altr'anno devi andare a una scuola buona. Adalgisa è d'accordo.

Non era stato un sogno, quel profumo oltre le arance.

– Allora mi riprendono … – ho tentato con la voce che si sgranava tra i denti. Mi sono seduta, sentivo le gambe un po' malferme, non per gli esercizi.

– Quello no, però alla fine dell'estate ci pensa essa a trovarti una sistemazione alla città.

– Perché è venuta mentre non c'ero? Non mi poteva aspettare?

– La signora che l'ha portata teneva la furia. Adalgisa l'ha saputo tardi del povero figlio mio e voleva fa' la visita.

– Come sarebbe tardi, se mio padre era al funerale?

– Si vede che non gliel'ha detto, tuo zio, – mi ha corretta.

– Strano. Lei come sta?

– Eh, non c'è male, – ha risposto in fretta voltandosi di tre quarti. – Hai visto quanta roba ci ha fatto consegnare? È ora di metterla a posto, – e ha preso a riporre le scatolette in un'anta pensile. Così si è richiusa nella reticenza abituale sull'argomento. Le mie domande non l'hanno più raggiunta. Parlava da sola sottovoce, come d'abitudine da quando si era un po' riavuta dalla morte di Vincenzo. Ha chiesto alle lattine cosa contenevano, al ripiano quanto fosse alto, che

3 **il saputone / la saputona** (accr.): Besserwisser(in). | 4 **l'altro anno:** nächstes Jahr. | 7 f. **sgranarsi:** splittern; hier: hervorpressen. | 14 **tenere la furia:** in Eile sein. | 22 **l'ante pensile:** Hängeschrank. | **la reticenza:** Zurückhaltung. | 24 **sottovoce** (avv.): halblaut, gedämpft. | 24 f. **riaversi da qc:** sich von etwas erholen.

lei non ci arrivava più, e al povero figlio suo dov'era in quel momento.

Sono rimasta sulla sedia, senza aiutarla. Il principio di una rabbia feroce lievitava nello stomaco. All'inizio mi ha tolto le forze, risucchiato il sangue da ogni vena. Mi sono sfilata le scarpe da punta con una fatica da vecchia stanca. Ho lisciato un attimo il raso, le ho annusate dentro cercando l'odore spensierato dei piedi di una volta. All'improvviso, come per un'iniezione dall'effetto istantaneo, un'energia distruttiva mi ha invaso. Ho allungato la destra su un'arancia, il primo oggetto disponibile del mondo. Era molle in un punto, marcia. Lì ho affondato le dita selvagge, fino al centro e oltre, verso la buccia dalla parte opposta. Tremava la mano e l'agrume, e il suo colore di sole lontano. Il succo mi colava guasto lungo il polso, bagnava la maglia. Non so dopo quanto l'ho tirato alla cieca verso il muro, è passato a qualche centimetro dalla testa di lei. Non ha avuto nemmeno il tempo di girarsi che già avevo spinto la cassetta rimasta sul tavolo e i frutti cadevano e rotolavano sul pavimento in tutte le direzioni.

– Ti sei ammattita? Mo che t'ha pigliato?

– Io non sono un pacco, voi la dovete smettere di spostarmi di qua e di là. Voglio incontrare mia madre, tu adesso mi dici dov'è e ci vado da sola –. In piedi, fremevo.

– Non lo so dove sta, nella casa di prima no.

4 **lievitare:** gären. | 5 **risucchiare:** aufsaugen. | 5 f. **sfilarsi qc:** sich etwas ausziehen. | 6 **le scarpe da punta:** Spitzenschuhe. | 7 **lisciare:** glätten. | 8 **spensierato/a:** sorgenfrei. | 9 **l'iniezione** (f.): Injektion, Spritze. | **istantaneo/a:** sofortig, augenblicklich. | 10 **distruttivo/a:** zerstörerisch. | 15 **guasto/a:** vergammelt. | 16 **alla cieca:** blindlings. | 21 **ammattirsi:** verrückt werden, den Verstand verlieren.

Mi sono avvicinata incastrandola tra me e il lavandino. L'ho presa per le spalle vestite di nero e l'ho scossa senza riguardi.

– Allora trovo un giudice e vi denuncio tutti quanti. Gli racconto che vi scambiate una figlia come un giocattolo.

Sono scappata via e sono rimasta fuori, presto è sceso il buio e mi ha gelato. Dall'angolo più nascosto del piazzale vedevo le finestre illuminarsi e, dietro, l'andirivieni delle sagome femminili affaccendate. Erano ai miei occhi le mamme normali, quelle che avevano partorito i figli e li avevano tenuti con sé. Alle cinque del pomeriggio erano già intente ai preparativi per la cena, cotture lunghe, elaborate, così richiedeva la stagione.

Nel tempo ho perso anche quell'idea confusa di normalità e oggi davvero ignoro che luogo sia una madre. Mi manca come può mancare la salute, un riparo, una certezza. È un vuoto persistente, che conosco ma non supero. Gira la testa a guardarci dentro. Un paesaggio desolato che di notte toglie il sonno e fabbrica incubi nel poco che lascia. La sola madre che non ho mai perduto è quella delle mie paure.

Quella sera è venuta Adriana a cercarmi. Due lampioni si erano fulminati e l'oscurità del piazzale la spaventava. Si è tenuta nei paraggi del portone e mi chiamava verso il buio. Resistere alle sue invocazioni di gatto smarrito era doloro-

1 **incastrare:** einklemmen. | 2 f. **senza riguardi:** rücksichtlos. | 8 **l'andirivieni** (m., invar.): Kommen und Gehen, hier: Herumhuschen. | 9 **la sạgoma:** Umriss, Silhouette. | **affaccendato/a:** geschäftig. | 12 **la cottura lunga:** lange Garzeit. | **elaborato/a:** ausgefeilt; hier: aufwendig. | 19 **fabbricare:** erzeugen. | 21 **il lampione:** Straßenlaterne. | 21 f. **fulminarsi:** durchbrennen. | 22 **l'oscurità** (f., invar.): Dunkelheit. | 23 **nei paraggi di:** in der Nähe von. | 24 **l'invocazione** (f.): hier: flehentlicher Ruf.

so, ma ci provavo. La intravedevo, era scesa anche lei senza cappotto, batteva i piedi per scaldarsi e si frizionava le braccia. Vai, rientra, la pregavo dentro di me. Oppure, più segretamente: aspettami, aspetta che io sia pronta. Mi ha sentita e ha risposto a tutto, ad alta voce.

– Se non rivieni, rimango ecco e mi ammalo per colpa tua. Già mi cola il naso.

Ho atteso ancora un po', prima di cederle. Poi mi sono portata sotto una luce funzionante e lei mi ha visto. È corsa ad abbracciarmi.

– 'Sta mattarella … – ha detto strofinandomi la schiena intirizzita. – Quando ti cala in mente di scappare, a me non ci pensi?

Non avevo fame, sono andata subito a letto. Attraverso la porta chiusa sentivo le voci in cucina. Poi qualcuno è entrato nella camera e io ho finto di dormire. Era la madre, l'ho riconosciuta dal modo di trascinare le ciabatte. Deve averlo capito che ero sveglia.

– Metti questo sul petto, sennò ti viene la febbre, – e ha scostato le coperte.

Aveva scaldato un mattone nel forno e l'aveva avvolto in uno strofinaccio perché non mi scottassi. Un benessere lento si è diffuso sotto il peso, fino al cuore. Batteva con più calma.

Sarà uscita in silenzio, mentre cedevo a un sonno breve e profondo. La febbre non mi è venuta.

1 **intravedere** (*intravisto*): erahnen, undeutlich erkennen. | 2 **frizionarsi qc:** sich etwas reiben. | 11 **la mattarella** (dim., dial.): hier: Dummkopf, Trotzkopf. | 12 **intirizzito/a:** steif (vor Kälte). | **calare in mente:** in den Sinn kommen. | 17 **la ciabatta:** Hausschuh, Pantoffel. | 22 **il benessere** (invar.): Wohlbefinden.

24.

Mi sono accorta del Natale per via delle vacanze scolastiche e delle campane suonate a distesa a mezzanotte. Le ho sentite dal letto, a messa non ci eravamo andati e non c'era stato nessun cenone di pesce. Avevamo mangiato pane cotto, però mi era piaciuto più dell'anguilla in umido degli altri anni. L'avevo sempre trovata viscida, ma ero costretta a prenderne un po' per rispetto della tradizione, così voleva mia madre.

La mattina le donne del vicinato si sono ricordate del lutto recente e sono salite ognuna con qualcosa per il pranzo della festa, brodo di cardo e stracciatella, timballo con le pallottine di carne, tacchino alla canzanese nella sua gelatina. Quelli della fornace si erano decisi solo la sera del ventiquattro a pagare agli operai almeno uno degli stipendi arretrati, così nostro padre era passato al negozio di alimentari a prendere due torroni. Finita la carne li abbiamo divisi in

3 **a distesa:** anhaltend, ausdauernd. | 5 **il cenone** (accr.): großes Abendessen, Weihnachtsessen. | **il pane cotto:** »gekochtes Brot«. Rustikales Gericht, bei dem altbackenes Brot eingeweicht und wieder aufgekocht wird. | 6 **l'anguilla in ụmido:** gesottener Aal. | 7 **vịscido/a:** glitschig. | 10 **il vicinato:** Nachbarschaft. | 12 **il cardo:** Karde, (Speise-)Distel. | **la stracciatella:** ital. Einlaufsuppe aus Fleischbrühe, geschlagenem Ei und weiteren Zutaten, je nach Region (*stracciato/a:* zerrissen, zerfetzt). | **il timballo:** Pastete, Auflauf. | 13 **la pallottina** (dim.) **di carne:** Fleischbällchen. | 13 f. **il tacchino alla canzanese nella sua gelatina:** Truthahn in Aspik, Spezialität aus Teramo in den Abruzzen. | 15 f. **arretrato/a:** rückständig. | 17 **il torrone:** (weißer) Nougat in Barrenform mit Mandeln, Nüssen und Honig; typische Weihnachtsspezialität aus Italien.

pezzi e sgranocchiati restando seduti a tavola più a lungo del solito. Adriana era la più ghiotta e rumorosa nella masticazione. All'improvviso ha urlato ed è saltata in piedi tenendosi la mandibola. L'ho seguita in camera, dove è corsa a piangere.

Ha spalancato la bocca e ha messo l'indice su un molare da latte mezzo annerito. Nel buco centrale si era incastrata una scheggia chiara, forse di mandorla, e aveva risvegliato il dolore che andava e veniva da un po' di tempo. Per togliere il frammento di torrone Adriana ha rovistato nella carie con uno stecchino che teneva in tasca, poi mi ha avvicinato l'estremità alle narici.

– Senti quanto puzza. 'Sto disgraziato non vuole cascare, caccialo tu, che io stavolta non ci riesco.

Avevo paura di farle male, ma ha insistito. Il dente sembrava attaccato alla gengiva da una parte sola, però si muoveva poco, non era giunta la sua ora. Ho provato a spingerlo con le dita e non è successo nulla. Neanche con il filo stretto intorno, al momento dello strattone mi sono ritrovata con il cappio vuoto.

– Ti serve un attrezzo, – ha suggerito lei.

Abbiamo cercato in cucina. Gli altri erano spariti, la tavola sparecchiata, ci aspettava solo la pila di piatti sporchi nel lavandino. Ho aperto qualche cassetto senza un'idea precisa, esaminando gli oggetti più disparati. Il coltello no, mi spaventava. La forchetta. Ci siamo avvicinate alla finestra, verso il sole invernale che già scendeva. Adriana mi ha

2 **ghiotto/a:** naschhaft. | 6 **spalancare:** aufreißen. | 6 f. **il molare (da latte):** (Milch-)Backenzahn. | 8 **la scheggia:** Splitter. | 11 **lo stecchino** (dim.): Zahnstocher. | 13 **cascare:** rausfallen. | 19 **lo strattone** (accr.): heftiger Ruck. | 20 **il cappio:** Schlinge. | 25 **disparato/a:** unterschiedlich.

offerto l'arcata inferiore. Ho appoggiato uno dei rebbi dove appariva un principio di distacco. Lei stava immobile e zitta, le braccia sospese a mezz'aria. Quando ho inserito la punta più in profondità l'ho guardata negli occhi per leggervi il dolore. Le pupille si sono dilatate, non ha mosso altro. Trattenendo il respiro ho messo a leva la forchetta, di scatto. Il dente è schizzato dritto in gola, mentre un fiotto di sangue prorompeva dalla gengiva. Tra colpi di tosse e versi strozzati Adriana si è liberata del corpo estraneo, me l'ha sputato sul palmo di una mano, seguito da una scia rossa. Poi ha risucchiato la saliva e si è tamponata la bocca con uno strofinaccio.

La sera ho pianto sul cuscino. Chi glieli avrebbe tolti i denti da latte dopo il mio ritorno in città? Lei ha sentito ed è scesa. Le ho raccontato dell'ultimo incontro tra le mie due madri, una settimana prima, e del nuovo trasferimento che avevano deciso per me.

– Allora mo te ne vai? – ha chiesto Adriana, sgomenta nel buio incompleto.

– Non adesso, all'inizio della scuola superiore, il prossimo settembre.

– E non è quello che volevi? – ha domandato dopo una pausa. Nel tono improvvisamente adulto un accenno di rimprovero, ma lieve, affettuoso. – T'hanno riportata ecco per forza, però non ti ci piace. Da quando sei arminuta

1 **l'arcata:** hier: Zahnreihe. | **il rebbio:** Zinken. | 5 **dilatarsi:** sich erweitern. | 6 **mẹttere a leva:** wie einen Hebel ansetzen. | 7 **il fiotto:** Strahl, Strom. | 8 **prorọmpere** (*prorotto*): hervorbrechen. | 9 **strozzato/a:** erstickt, gewürgt. | 10 **la scia:** Spur. | 11 **la saliva:** Speichel. | **tamponarsi:** sich (aus)stopfen. | 18 **sgomento/a:** betroffen, bestürzt.

piangi ogni notte, ti rivolti sotto le coperte, non pigli sonno. E mo non stai contenta di tornare alla città?

– Non sono più sicura di niente, è tutto confuso. Nessuno mi dice dove andrò. Mia madre mi troverà una sistemazione, forse un collegio.

– Ma che è matta? Nei collegi comandano le cocce di pezza e quelle sono terribili, ti controllano pure le mutande.

– Tu che ne sai?

– C'è stata una che abita dietro al forno. Racconta certe storie!

– Non è tanto delle suore che mi preoccupo, – le ho mormorato toccandole i capelli. – Non ti vedrò più, – e ho ripreso a singhiozzare.

Ci siamo disperate un po' insieme, poi lei è insorta, balzando a sedere sul letto.

– Però 'ste due ti mandano da un posto all'altro tutte le volte che gli cala in mente. Mo basta, ti devi ribellare, – mi ha incitata scuotendomi per una spalla.

– E come?

– Subito subito non lo so, ci devo pensa'. Intanto giuriamo di non lasciarci più. Se te ne vai, io ti vengo appresso.

Ha incrociato gli indici e li ha baciati da entrambe le parti, rovesciando le mani con una mossa rapida. La intravedevo, nell'oscurità. Ho giurato come lei.

L'ho abbracciata e ha dormito all'istante, la schiena contro il mio petto, le vertebre come grani di un rosario. Quan-

5 **il collegio:** Internat. | 6 f. **la coccia di pezza** (spreg.): Nonne, etwa: Pinguin, Schleiereule. | 11 f. **mormorare qc a qu:** jdm. etwas zuflüstern. | 13 **singhiozzare:** schluchzen. | 14 f. **balzare:** emporschnellen. | 21 **venire appresso:** mit-, nachkommen. | 26 **il grano:** hier: Perle. | **il rosario:** Rosenkranz.

do le è scappata sono rimasta ferma, aderente al calore che mi bagnava la pancia. Ogni tanto sussultava, a un certo punto ha riso persino, sognando chissà cosa. In altre notti il suo corpo abbandonato nel sonno mi calmava, ma non quella. Le angosce non riguardavano me e il mio incerto futuro, le trasferivo su Adriana e Giuseppe. Così le addomesticavo. Pochi minuti dopo la promessa, già non credevo più che saremmo rimasti insieme. A settembre avrei lasciato il paese da sola. Come potevano farcela loro due senza di me? Lei se la sarebbe forse cavata, ma il piccolo? Ancora gattonava e non l'avevo mai sentito chiamare mamma o papà. Per aiutarlo scandivo sillabe lente ed esageravo i movimenti delle labbra, ma la sua attenzione si perdeva altrove. Non era pronto.

All'istituto dove ora vive parla con un operatore, sempre lo stesso, e quando lui va in ferie, tace. Così mi dicono.

A ogni visita gli porto blocchi di fogli e matite di tutte le durezze, lui le guarda e sente le punte con l'indice, una per una.

– Sono buone, – mi dice. E poi serio: – Ecco le opere di questo mese.

Di solito riproduce le sue mani che disegnano se stesse, la destra al lavoro e la sinistra tiene ferma la carta. Ma anche animali in corsa, cani, o cavalli al galoppo catturati nell'istante in cui nessuno zoccolo tocca la terra.

Giuseppe è stato comunque l'unico dei fratelli a finire la

6f. **addomesticare:** zähmen; hier: in Schach halten. | 12 **scandire:** deutlich aussprechen. | 13f. **altrove** (avv.): anderswo. | 15 **l'operatore / l'operatrice:** hier: Angestellte(r), Mitglied des Personals. | 17 **il blocco di fogli:** Schreibblock. | 25 **lo zọccolo:** Huf.

scuola media, poi ha trascorso alcuni anni in casa, sempre più muto e in disparte, ai bordi esterni di tutto quello che accadeva. Dove sta adesso è un posto migliore per lui. Era un convento una volta, nel giardino sempre soleggiato gli ospiti trascorrono molte ore del giorno se la stagione lo consente.

Di solito mi accompagna Adriana, e riempie l'ora di chiacchiere. Quando vado da sola ci sediamo su una panchina e restiamo a lungo in silenzio. A volte Giuseppe mi regala una foglia, se cade nelle vicinanze.

A primavera gli porto un cestino di fragole, le laviamo alla fontana accanto alla siepe. Poi le mangia, dopo averle sospese una per una nella luce davanti agli occhi, reggendole dal picciolo. Osserva le minime variazioni nella forma, nei colori. Sospetto che provi a contare tutti quei semini in superficie.

4 **soleggiato/a:** sonnig. | 8 **la chiạcchiera** (meist plur.): Geplauder. | 12 **la siepe:** Hecke. | 14 **il picciolo:** Stiel. | 15 **il semino** (dim.): *il seme*.

25.

L'inverno è stato lungo e rigido, in casa si gelava. Al mattino presto rimanevo a studiare sotto le coperte – la vedova del piano terra mi aveva regalato un abat-jour che tenevo accanto al letto – e le dita intirizzite faticavano a sfogliare le pagine. Nel mese di marzo ho vinto un concorso scolastico con un tema sulla Comunità europea e la Perilli mi ha consegnato un libretto di risparmio intestato a me, da parte del ministero della Pubblica istruzione. Poi si è rivolta alla classe: – Potete essere orgogliosi della vostra compagna, – e ha insistito con il peso dello sguardo su quelli che di solito mi deridevano. – Solo venti ragazzi in Italia hanno ricevuto questo premio.

– E una è l'Arminuta, – è sbottata prevedibile una voce di scherno in fondo all'aula.

All'uscita mia sorella già sapeva, chissà come, ed è corsa avanti a riferire la novità alla famiglia. Ha mostrato lei il libretto ai genitori, tutta entusiasta. Era rosso e all'interno riportava nella colonna depositi la scritta a mano trentamila.

– Si possono ripigliare alla banca? – ha chiesto la madre dopo aver letto. Lo ha richiuso e appoggiato sul tavolo, ma continuava a fissarlo.

– Quelli non si toccano, – ha risposto il padre a sorpre-

4 **l'abat-jour** (m., fr., invar.): Schirmlampe. | 8 **intestato/a a qu:** auf jds. Namen laufend. | 9 **il ministero della Pụbblica istruzione:** Kultusministerium. | 14 **prevedịbile** (agg.): vorhersehbar. | 15 **lo scherno:** Hohn, Gespött. | 19 **la colonna:** Spalte.

sa. – Sono i suoi, se li è guadagnati con la coccia, – ha aggiunto dopo una pausa.

– C'ha pure dieci a matematica, essa ci si diverte a fa' i problemi, – li ha informati Adriana girandogli intorno.

Mi piaceva la geometria solida di quell'anno, le figure complesse, piramidi sovrapposte a parallelepipedi, cilindri con buchi a forma di coni scavati in una delle basi. Mi divertivo davvero a calcolare superfici e volumi, ad aggiungerli e sottrarli in cerca del totale. Ma poi pensavo che quei voti eccellenti mi stavano proiettando dritta verso il domani che le due madri avevano disegnato per me in mia assenza. E non ero sicura di voler proseguire nella direzione scelta da loro. Nell'inverno successivo avrei frequentato un liceo in città, ma dove avrei mangiato, dormito? Io e Patrizia avremmo potuto incontrarci di pomeriggio? In qualche momento a quell'incertezza preferivo restare lì, con Adriana e Giuseppe, i genitori che mi avevano ripresa, persino Sergio e l'altro.

La Perilli mi restituiva il compito di latino con il nove sul dorso del foglio protocollo e io, dopo un attimo di gioia, restavo smarrita a guardarlo appoggiato sul banco. Mia madre sì che sarebbe stata contenta, se avesse potuto vederlo. Da lontano lei si preoccupava più di me che della sua malattia, non smettevo di crederci. Eppure in certe ore tristi

5 **la geometrịa sọlida:** räumliche Geometrie. | 6 **complesso/a:** kompliziert, vielschichtig. | **il parallelepịpedo:** Parallelepiped; geometrischer Körper, dessen Oberfläche aus sechs Paralleologrammen besteht. Die beiden gegenüberliegenden Flächen sind dabei jeweils kongruent. |
9 **il totale:** Gesamtsumme. | 10 **proiettare:** werfen, schleudern. |
20 **il dorso:** Rückseite. | **il foglio protocollo:** Beiblatt, auf dem Kommentare vermerkt werden. | 21 **smarrito/a:** verwirrt, verstört.

mi sentivo dimenticata. Cadevo dai suoi pensieri. Non c'era più ragione di esistere al mondo. Ripetevo piano la parola mamma cento volte, finché perdeva ogni senso ed era solo una ginnastica delle labbra. Restavo orfana di due madri viventi. Una mi aveva ceduta con il suo latte ancora sulla lingua, l'altra mi aveva restituita a tredici anni. Ero figlia di separazioni, parentele false o taciute, distanze. Non sapevo più da chi provenivo. In fondo non lo so neanche adesso.

In primavera è caduto il mio compleanno e non se n'è accorto nessuno. I genitori l'avevano scordato nel tempo trascorso senza di me e Adriana ignorava la mia data di nascita. Se gliel'avessi detta mi avrebbe festeggiata a modo suo, saltellando e tirandomi quattordici volte le orecchie. Ma l'ho tenuta segreta e mi sono fatta gli auguri da sola, appena scoccata la mezzanotte. Di pomeriggio sono salita in piazza e ho comprato un diplomatico nell'unica pasticceria del paese. Ho chiesto anche una candelina, di quelle che mettevano sulle torte. La signora mi ha guardata strano e non me l'ha fatta pagare, così un regalo l'ho ricevuto.

Nella rimessa ho subito trovato i fiammiferi, sapevo dov'erano. Mi sono chiusa dentro e nella scarsa luce che penetrava da una specie di feritoia, ho aperto il sacchetto della

4 **l'ọrfano / l'ọrfana:** Waisenkind. | 7 **la parentela:** Verwandtschaft. | 11 **scordare:** vergessen. | 16 **scoccare:** (Uhrzeit) schlagen. | 17 **il diplomạtico:** italienische Kuchenschnitte, bestehend aus mehreren Schichten Blätterteig, Schlagsahne und Creme, bestäubt mit Puderzucker. | 18 **la candelina** (dim.): *la candela.* | 24 **la feritoia:** Scharte, Schlitz.

pasta e l'ho appoggiata, con la carta sotto, sul ripiano impolverato di una vecchia credenza. Ho puntato la candelina al centro della sfoglia e ho acceso lo stoppino. Nella penombra quasi nera mancavano i punti di riferimento e potevo credere a una vera torta, di normali dimensioni. Sono rimasta a guardare la fiammella un po' tremolante, forse per il mio respiro vicino. Non pensavo a niente di preciso, ma avevo dentro, oltre le paure, una forza luminosa come quel piccolo fuoco. La cera liquefatta ha cominciato a colare lungo quella solida, fino allo zucchero a velo. Allora ho spento con un soffio durante un applauso solitario e ho canticchiato la canzoncina augurale, sottovoce nell'oscurità. Il diplomatico era fresco, friabile, ho gustato anche l'ultima briciola. Poi sono tornata sopra.

La sera è salito un uomo a invitarci in campagna per il giorno dopo, la domenica. Era già un po' tardi, si è seduto con nostro padre al tavolo della cucina. Somigliava a un pirata, per via di una benda nera sull'occhio destro, tenuta da un filo che gli girava intorno alla testa quasi calva, salvo certi ciuffetti alla nuca, ricci e grigiastri. Reggeva in equilibrio a un angolo delle labbra un mozzicone di sigaro freddo, con la punta annerita da fumate precedenti. Non

2 **la credenza:** Küchenschrank, Büffett. | **puntare:** hineinstecken. | 3 **la sfoglia:** Blätterteig. | **lo stoppino:** Docht. | 6 **la fiammella** (dim.): *la fiamma.* | **tremolante** (agg.): zitternd. | 9 **liquefatto/a:** verflüssigt, geschmolzen. | 10 **lo zụcchero a velo:** Puderzucker. | 11 f. **canticchiare:** vor sich hinsingen, trällern. | 12 **la canzoncina** (dim.) **augurale:** Geburtstagsliedchen. | 13 **frịabile** (agg.): krümelig, mürbe. | 13 f. **la brịciola:** Krümel. | 18 **il/la pirata:** Pirat(in). | **la benda:** Augenklappe. | 19 **calvo/a:** glatzköpfig. | 20 **il ciuffetto** (dim.): *il ciuffo.* | **grigiastro/a:** gräulich, grauweiß. | 21 **il mozzicone:** (Zigarren-)Stummel. | 22 **la fumata:** Rauchen.

lo toglieva mai, così parlava storcendo la mandibola verso quella parte. Ero incuriosita e un po' spaventata dal suo aspetto.

– A quest'ora tua moglie sta già al letto, – ho sentito che diceva. – Ancora non si ripiglia dalla disgrazia, si capisce. Domani vedrai che un po' d'aria buona l'aiuta e poi ci sta nonna Carmela che la vuole rivede', ci pensa sempre alla commaruccia sua. M'ha dato questo per essa, glielo devi mettere sotto al materasso, dove appoggia la coccia.

Ho intravisto appena l'oggetto, sembrava un involto di stoffa con qualcosa dentro. Nostro padre l'ha messo in tasca e si è alzato per prendere una bottiglia di vino, io e Adriana non arrivavamo all'anta dove stava.

– E tu di chi sei la figlia? – mi ha chiesto a bruciapelo il pirata quando ha notato che ero nuova, lì.

– È mia sorella, – si è subito intromessa Adriana. – Questi l'avevano data a una cugina, da piccirilla. Mo ce la siamo ripigliata noi.

– L'avevo saputo 'sto fatto. Allora domattina vieni pure tu, che alla casa mia non ci manca niente, – mi ha incoraggiata squadrandomi con l'unico occhio.

Dal piano alto del letto Adriana mi ha poi raccontato la storia dell'uomo con la benda. Era un nostro compare, abitava in una contrada tutta coltivata. Da ragazzo un sassolino proiettato a tutta velocità dal cingolo di un trattore in

8 **la commaruccia** (dim.): *la com(m)are:* Patin, Gevatterin. | 11 **l'involto:** Päckchen. | 17 **intromẹttersi:** sich einmischen. | 18 **lu piccirillo / la piccirilla** (dial.): Kleine(r), Kleinkind. | 24 **il compare:** Taufpate; hier: guter Bekannter, Nachbar. | 25 **la contrada:** Gegend. | 25 f. **il sassolino** (dim.): Steinchen (*il sasso*). | 26 **il cịngolo:** Raupenkette (eines Traktors).

manovra lo aveva colpito nell'orbita destra, accecandolo. Per il vizio del mozzicone sempre in bocca era conosciuto da tutti come Mezzosigaro, ma guai se lo sentiva.

– E qual è il suo vero nome? – ho domandato.

– Non me lo ricordo, ma tanto in campagna i grandi li devi chiamare zii anche se non ti sono niente, si usa così.

– Cosa gli ha dato per lei? – e mi sono sporta per indicare la camera matrimoniale, di là.

– Boh, forse un breve. Sua nonna è vecchia vecchia e fa la magara. La gente ci va a cercare i consigli e le medicine. Quando c'avevo la tosse asinina m'ha mandato uno sciroppo che era proprio una schifezza, lo sputavo sempre. Per i vermi invece adopera la scienza, oddio quant'è amara!

Avrei scoperto solo anni più tardi che la scienza di Adriana era la pianta dell'assenzio selvatico, le cui proprietà curative erano note alla guaritrice contadina.

Siamo partiti la mattina dopo, con la macchina un po' recalcitrante. I fratelli non sono venuti, da quelli là c'era ogni volta da lavorare, hanno detto, e loro due non ne avevano voglia. Adriana non soffriva il mal d'auto, eppure ha cominciato a lamentarsi per la nausea appena usciti dal paese, forse aveva bevuto il latte proprio all'ultimo momento. Ci siamo fermati giusto in tempo alla curva oltre la draga, si è svuotata della colazione proprio sul margine del campo che

1 **la manovra:** (Wende-)Manöver. | **l'ọrbita** (f.): Augenhöhle. | **accecare:** blind machen. | 9 **lu breve** (dial.): Talisman. | 10 **la magara** (dial.): Heilerin. | 11 **la tosse asinina:** Keuchhusten. | 12 **lo sciroppo:** Hustensaft. | **la schifezza:** Abscheulichkeit. | 16 **l'assẹnzio selvạtico:** Wermutkraut, Bitterer Beifuß. | 17 **il guaritore / la guaritrice:** Heiler(in). | 18 f. **recalcitrante** (agg.): störrisch. | 22 **la nạusea:** Übelkeit.

aveva drenato il sangue di Vincenzo. Eccolo laggiù, il recinto che aveva finito il suo volo.

Sono stata vicina io a mia sorella mentre vomitava, la madre non è scesa, ha chiuso il finestrino e si è voltata dall'altra parte con le mani sulla faccia. Dai movimenti delle spalle dentro l'abitacolo ho visto che singhiozzava.

1 **drenare:** entwässern; hier: aufsaugen.

26.

Al casolare ci ha accolti il profumo delle acacie fiorite e una famiglia numerosa, di varie generazioni. Erano tutti sull'aia, impegnati in varie attività. Mezzosigaro arrotava una falce, battendo a ritmo regolare lungo la linea del taglio con un grosso martello. Sembrava davvero contento di vederci. Forse aveva parlato di me, nessuno si è stupito della mia presenza, solo mi guardavano con curiosità, soprattutto i figli. Due ragazzi stavano accompagnando le pecore al pascolo, ma le hanno spinte avanti con grida e fischi e si sono fermati a salutarci. La moglie ha lasciato il secchio del grano per le galline ed è rientrata a prendere qualcosa da offrirci. Gli uomini hanno bevuto l'anisetta, per noi donne e bambini ha preparato una bibita di amarene conservate dall'anno precedente.

– Qualche barattolo ve lo riportate, dopo, – ha detto e, più piano, rivolta a nostra madre: – Nonna Carmela ti aspetta, lo sai dove sta.

Le ha tolto dolcemente Giuseppe dalle braccia e ha indicato con il mento una quercia secolare di fianco alla casa. Ho seguito la madre in quella direzione, senza capire. Solo a pochi passi di distanza l'ho vista e mi sono fermata di colpo. Occupava una sedia alta, dallo schienale rozzamente intagliato, come un rustico trono all'aperto. Era vestita

2 **l'acacia fiorita:** blühende Akazie. | 4 **l'aia:** Tenne. | **arrotare:** wetzen, schleifen. | 5 **la falce:** Sichel, Sense. | 13 **l'anisetta:** Gewürzlikör mit Anisaroma. | 20 **secolare** (agg.): uralt, hundertjährig. | 24 **intagliato/a:** geschnitzt.

di un grembiulone abbottonato sul davanti, del colore dell'ombra che la copriva. Sono rimasta lì a guardarla, incantata dalla sua fiabesca imponenza. La pelle del viso riarsa dal sole di cento estati si mimetizzava con la corteccia dell'albero retrostante, avevano la stessa immobilità, la stessa trama di crepe. Ai miei occhi entrambe apparivano eterne, la vecchia e la quercia.

Mi hanno poi detto che una volta era stata nella morte e ci era rimasta parecchi giorni, ma non aveva potuto sopportare la solitudine ed era tornata.

– Commara Carme' … – l'ha chiamata la figlioccia, con la voce già rotta.

– Sacce tutte, la fija mi', li sacce cuma ti sinte, – e l'ha invitata a sé, con un gesto minimo di un solo braccio. A ogni suo movimento sentivo scricchiolii, scrosci, tiramenti di articolazioni arrugginite.

La madre si è inginocchiata lì accanto in lacrime e le ha posto la testa in grembo, la guancia verso l'alto. Puntuale è arrivato a coprirla un palmo largo e antico.

– Pi lu male chi ti' tu, ji la midicine ni lli tinghe, – ha confessato senza colpa. Ha sollevato un attimo la mano, guar-

1 **il grembiulone** (accr.): *il grembiule.* | 3 **fiabesco/a:** märchenhaft. | **l'imponenza:** Ansehnlichkeit. | **riarso/a** (*riạrdere*): sonnenverbrannt. | 5 **retrostante** (agg.): dahinterliegend, rückwärtig. | 6 **la trama:** Gespinst, Gewebe. | **la crepa:** Riss, Sprung. | 11 **il figlioccio / la figlioccia:** Patensohn / -tochter, Patenkind. | 12 **rotto/a** (*rọmpere*):gebrochen. | 13 **Sacce tutte, la fija mi', li sacce cuma ti sinte** (dial.): Ich weiß alles, meine Tochter, ich weiß, wie du dich fühlst. | 15 **lo scricchiolịo:** Knacksen. | **lo scroscio:** Prasseln; hier: Knirschen. | **il tiramento:** Strecken, Dehnen. | 16 **l'articolazione** (f.): Gelenk. | 18 **il grembo:** Schoß. | 20 **Pi lu male chi ti' tu, ji la midicine ni lli tinghe** (dial.): Für die Krankheit, die du hast, habe ich keine Medizin.

dandola nella sua impotenza, poi l'ha riportata giù a dare quello che poteva, una ruvida carezza.

– Buongiorno, – ho detto io, per educazione.

Lei mi ha fissata, concentrandosi, ma non distinguevo gli occhi quasi del tutto coperti dalle palpebre cadenti, tranne due sottili fessure da cui penetrava quel che ancora le restava da sapere del mondo. È venuta di corsa una bambina, con un mazzo di erbe appena colte.

– Sono buone? – ha chiesto, in affanno.

– Ci sta la uazze sopre?

Sì, erano umide di rugiada. Allora andavano bene. La pronipote le ha messe in un bicchiere su un tavolino basso che non avevo notato, sempre all'ombra della quercia. Sul ripiano c'erano bottiglie e vasetti con strani intrugli e cataplasmi, di tutti i colori e le magie. Anche l'oliera e un piatto con l'acqua, per scovare e guarire il malocchio. Un coltellino, con cui tracciava segni sui corpi in corrispondenza degli organi colpiti, ma senza incidere.

Proprio in quel momento è arrivata una macchina e ne sono scese due persone, in cerca di consigli e rimedi da zi' Carmela.

La madre si è tirata su. La vecchia le ha parlato.

– Tu si nate sott'a 'na pianeta cattive, ma quesse ti fa

1 **l'impotenza:** Machtlosigkeit. | 6 **la fessura:** Spalt. | 10 **Ci sta la uazze sopre?** (dial.): Ist Tau darauf? | 11 **la rugiada:** Tau. | 12 **il/la pronipote:** Urenkel(in), Großneffe/-nichte. | 14 **il vasetto** (dim.): *il vaso.* | **l'intruglio:** Gemisch, Gebräu. | 14 f. **il cataplasma:** Wickel, Packung. | 15 **l'oliera:** Ölfläschchen. | 16 **scovare:** aufspüren. | 16 f. **il coltellino** (dim.): *il coltello.* | 23 f. **Tu si nate sott' a 'na pianeta cattive, ma quesse ti fa 'na bella riuscita** (dial.): Du bist unter einem bösen Stern geboren, auf die aber wirst du stolz sein können.

'na bella riuscita, – le ha detto scuotendo il dito verso di me.

Poi ha ricevuto clienti per ore, in certi momenti si è formata persino una fila, lì nell'aia. Approfittavano della luna calante, la fase più propizia al regredire di ogni male, mi ha spiegato la moglie di Mezzosigaro.

Non era vero che dovevamo lavorare, quel giorno, dovevamo solo raccogliere le fave in un campo e mangiarcele a pranzo. Ci hanno forniti di ceste e siamo andati, Giuseppe è rimasto a casa con una ragazzina che lo adorava. Eravamo accompagnati da un baccano di uccelli, uno sfrecciare continuo di rondini sopra le nostre teste. Portavano insetti ai nuovi nati in attesa nei nidi attaccati alle travi della stalla. Abbiamo costeggiato il campo dell'orzo, con le spighe acerbe e pelose. Sfioravo, passando, fili d'erba molli per l'insistenza del sole, i raggi mi stordivano, dopo tutto quell'inverno. L'orto, con i solchi dritti e paralleli, e negli incavi i cespi d'insalata, a distanze regolari. La zona riservata ai pomodori, con le piantine ancora giovani e fragili.

Siamo arrivati alle fave. Ho staccato il primo baccello in modo così maldestro da piegare il fusto sottile fino a terra. L'ho guardato, mortificata.

– Vieni ecco, che ti faccio vede' come si fa, – ha detto la madre. – Con una mano devi mantenere quassù alla cima e con una cogli.

5 **la luna calante:** abnehmender Mond. | **propizio/a:** günstig, geeignet. | **regredire:** zurückgehen, nachlassen. | 11 f. **sfrecciare:** schnellen, sausen. | 13 **la trave:** Balken. | 14 **la spiga:** Ähre. | 16 **stordire:** benommen machen, betäuben. | 18 **il cespo:** (Salat-)Kopf. | 19 **la piantina** (dim.): *la pianta.* | 20 **il baccello:** Hülse, Schote. | 21 **maldestro/a:** unbeholfen, ungeschickt. | **il fusto:** Stängel. | 24 **quassù** (avv.): hier oben. | **la cima:** Spitze.

Le stavo accanto, usavamo lo stesso cesto. Gli altri un po' più lontani.

– Provale, che sono buone, – e mi ha riempito il pugno di chicchi. Sapevano di verde, di linfa mattiniera, creaturine che quasi dispiaceva schiacciare tra i denti.

Procedevamo nella raccolta. In mezzo alle foglie, di tanto in tanto, grumi di schiuma biancastra. Era lo sputo del cuculo, mi ha spiegato lei, e la comare Carmela lo usava a volte nelle sue pozioni. Solo poco tempo fa ho letto per caso che lo produce la larva della sputacchina e la favola si è dissolta.

– Qui è tutto così curato e in ordine, – ho detto con un sospiro. – Vorrei che la mia vita fosse come questo campo, – mi è sfuggito poi.

Forse era il luogo che invitava alle confidenze, o l'influsso della maga.

La madre non ha risposto, però ascoltava.

– Che età avevo quando mi hai dato a tua cugina? – ho chiesto piano, con una stanchezza senza rabbia.

– Tenevi sei mesi, ti stavo a svezzare. Dopo che è venuta a regalarti il sonno, Adalgisa si presentava tutte le settimane, ti si voleva sempre riporta' alla casa sua.

– Ma perché?

– Erano anni che provava a fa' i figli e non le venivano.

A pochi passi da noi gli altri raccoglievano e mangiavano,

4 **la linfa:** Pflanzensaft. | **mattiniero/a:** morgendlich. | 7 **biancastro/a:** weißlich. | 7f. **lo sputo del cuculo:** Kuckucksspucke. | 9 **la pozione:** Heiltrank. | 10 **la larva:** Larve. | **la sputacchina:** Zikadenart. | **dissọlversi** (*dissolto*): auflösen. | 14f. **l'influsso:** Einfluss, Strahlkraft. | 19 **svezzare:** entwöhnen, abstillen. | 20 **regalare il sonno a qu:** abruzzesische Tradition, gemäß der einem Säugling bzw. seiner Familie bei der ersten Begegnung ein kleines Geldgeschenk gemacht wurde.

ci giungeva a tratti la voce squillante di Adriana, seguivano risate.

Mia madre all'inizio aveva rifiutato, ma poi era rimasta incinta di un quinto bambino e mio padre aveva perso il lavoro. Avevano parlato una notte, chiusi nella loro camera, mentre dormivo ignara nella culla e anche i miei fratelli dormivano, nell'altra stanza. Avevano ceduto.

La cugina voleva proprio me, piccola e femmina, altrimenti non le nasceva l'amore. Mi ha presa quando ancora non capivo.

– Non s'è portata niente per te dalla casa nostra, t'aveva ricomprato tutto nuovo. Ho tenuto le cose tue per la creatura che stava nella pancia, ma dopo una ventina di giorni l'ho persa. Mi usciva il sangue da sotto e per poco non mi sono morta.

– Non mi potevi venire a riprendere? – ho chiesto debolmente.

– Adalgisa non t'avrebbe ridata, ti stava già ad allevare come diceva essa.

Mi sono seduta per terra, con il mento sulle ginocchia. Gli occhi mi bruciavano nello sforzo di contenere le lacrime. Lei è rimasta in piedi, con il cesto pieno appeso a un braccio. Doveva essere mezzogiorno, sudava in silenzio. Non è riuscita a muovere quell'unico passo che ci separava dalla consolazione.

Dall'aia ci hanno chiamati per il pranzo. Abbiamo lasciato il campo, uscendo tutti dalla stessa parte sul sentiero che divideva le colture. Le piante, libere dal pericolo dei nostri piedi, si sono ritrovate vicine.

6 **ignaro/a:** ahnungslos, unwissend. | 27 **il sentiero:** Pfad. |
28 **la coltura:** Pflanzung.

– Che so' 'sse facce serie che tenete? – ha chiesto Adriana, tutta allegra.

Sotto una tettoia ci aspettava un lungo tavolo apparecchiato. E pane ancora caldo da mangiare con olio e fave crude; fave cotte con le cipolle novelle, forme di pecorino, prosciutto del maiale sacrificato l'anno prima. Al riparo dal vento la fornacella con gli arrosticini già in cottura. Mio padre parlava con Mezzosigaro, bevevano il vino della vendemmia precedente elogiandone la forza e il colore. Forse non l'avevo mai visto ridere così, ho notato solo allora i denti che gli mancavano.

La vecchia non si è mossa dall'ombra della quercia, le hanno portato qualcosa lì, ma lei ormai si nutriva pochissimo e non più di carne. Durante il nostro lungo pranzo continuava a ricevere gente, a curarla con impiastri e antiche, chiuse parole.

È andata poi nella morte ultima a centonove anni, restando seduta al solito posto. Dal suo respiro finale è salita come una vampa che ha seccato all'istante la chioma dell'albero, foglia per foglia. Per quello si sono accorti quasi subito che lei non c'era più. A tre giorni dal funerale, con un fracasso notturno che ha svegliato l'intera contrada, il tronco monumentale si è abbattuto a terra. Dalla parte giusta, però, senza investire la casa. Per anni ha dispensato legna da ardere alla famiglia di Mezzosigaro e, chissà, forse ancora brucia nei loro inverni.

5 **novello/a:** neu, jung. | 7 **la fornacella** (dim.): Grillrost. | **l'arrosticino** (dim.): Fleischspießchen, das gebraten wird. | 9 **elogiare:** loben, preisen. | 15 **l'impiastro:** Pflaster, Umschlag. | 19 **la vampa:** Flamme, Glut. | **la chioma:** Baumkrone, Wipfel. | 21 f. **il fracasso:** Gepolter, Krach. | 24 **dispensare:** verteilen. | 25 **ardere** (*arso*): brennen.

27.

Giocavamo nel piazzale, verso mezzogiorno. È venuto di corsa il figlio di Ernesto ad avvisarmi che alle quattro del pomeriggio qualcuno mi avrebbe telefonato alla cantina. Non aveva parlato lui con la persona interessata e non sapeva chi fosse. Ho subito preso a immaginarla, la persona interessata, e a pranzo mi ha tolto l'appetito dei fagiolini con le patate.

Quella mattina ero stata a scuola con mia madre, per il ritiro della licenza media. Come sempre, dopo la morte di Vincenzo, lei si era vestita di nero, con una gonna un po' sformata e una camicetta stinta dai lavaggi. Tra i risultati affissi in corridoio le avevo letto il mio OTTIMO e non si era scomposta per niente. Credeva che tutto mi venisse facile, non sapeva quanto avevo sofferto sul compito di latino con quella coppia di *aut* così distanti da accecarmi sull'ovvietà del significato. Nella seconda ora la professoressa era passata vicino al banco e aveva atteggiato due volte le labbra a o, la matassa ingarbugliata della versione si era subito sciolta dall'incantesimo.

Al momento di entrare nell'aula dove sarebbe avvenuta la consegna dei diplomi, avevo sentito la mano di mia ma-

10 **il ritiro:** Abholung. | 12 **sformato/a:** formlos, unförmig. | **il lavaggio:** Wäsche, Auswaschen. | 12 f. **affisso/a** (*affiggere*): angeschlagen, ausgehängt. | 16 **aut** (lat.): oder. | **l'ovvietà** (f., invar.): Offensichtlichkeit. | 19 **ingarbugliato/a:** verwirrt, verzwickt. | **la versione:** hier: Übersetzung. | 20 **l'incantẹsimo:** Zauber, Magie. | 22 **la consegna:** Übergabe.

dre attraversarmi la schiena e fermarsi decisa sulla scapola. Avevo incassato la testa tra le spalle, come un cane pauroso e compiaciuto della prima carezza dopo un lungo abbandono. Ma presto mi ero sottratta con un movimento brusco e allontanata di un poco. Mi vergognavo di lei, delle dita screpolate, il lutto sbiadito addosso, l'ignoranza che le sfuggiva di bocca a ogni parola. Non ho mai smesso di vergognarmi della sua lingua, del dialetto che diventava ridicolo quando si impegnava a parlare pulito.

La cabina pubblica era sul retro del locale di Ernesto, al sole. Ci arrivava forte l'odore stagionato del vino scadente e le conversazioni impastate degli anziani che lo bevevano anche a quell'ora, con quel caldo. Ero lì in anticipo, ho aspettato la telefonata seduta su un vecchio sgabello che tentennava a ogni mio spostamento. Sono scattata in piedi al primo squillo, Ernesto ha risposto di là e mi ha passato la linea. Avevo paura ad alzare la cornetta e risentirla, dopo tutto quel tempo. Ho chiuso e subito riaperto la porta della cabina, soffocavo. Mi sono trattenuta ancora qualche attimo, pensando che dovevo sbrigarmi, altrimenti avrebbe riagganciato, forse per sempre. Ho detto pronto e respirato nei buchini del microfono.

1 **la scạpola:** Schulterblatt. | 2 **incassare la testa tra le spalle:** den Kopf zwischen die Schultern einziehen. | 5 f. **screpolato/a:** rissig. | 6 **sfuggire:** hier: herausrutschen. | 11 **stagionato/a:** abgelagert, alt, reif. | **scadente** (agg.): billig, minderwertig. | 12 **la conversazione impastata:** mit schwerer Zunge geführtes Gespräch. | 14 **lo sgabello:** Schemel, Hocker. | 14 f. **tentennare:** wackeln, schwanken. | 15 **lo spostamento:** Bewegung, Verlagerung des Gewichts. | 17 **la cornetta:** (Telefon-)Hörer. | 20 f. **riagganciare:** (Hörer) auflegen. | 22 **il buchino** (dim.): *il buco.* | **il micrọfono:** Sprechmuschel.

Immaginavo che lei si sarebbe commossa, ma non è accaduto. Ha salutato il mio orecchio e gli ha chiesto come stavo, solo con una lieve incertezza.

– Come stai *tu*?

– Dio ti ringrazio. Ma dimmi di te, piuttosto.

Ha interrotto presto il silenzio che è seguito.

– So che sei stata la più brava nella tua scuola, me lo aspettavo.

La sua capacità di ottenere informazioni a distanza era sorprendente. Appena poche ore prima la Perilli aveva trattenuto mia madre nell'aula, al termine della breve cerimonia di consegna dei diplomi.

– Sua figlia è stata la migliore, possiede un vero talento per gli studi. E voi adesso non lo dovete sciupare, ne avevamo già discusso, ricorda? – le aveva chiesto guardandola fissa. – Qui ci sono i nomi di tre licei in città, riflettete e poi fatemi sapere a quale pensate di iscriverla. Se non vi dispiace vorrei essere tenuta al corrente del suo percorso scolastico, – aveva concluso porgendole un foglio.

Per me invece portava nella borsa libri da leggere durante l'estate. Infine mi aveva preso il viso tra le mani come qualcosa di prezioso e baciata in fronte. Uno dei suoi anelli si era impigliato in una ciocca e quando era riuscita a liberarlo, un capello era rimasto attorcigliato intorno all'ametista del Brasile. Non le avevo detto niente, così una minuscola parte di me sarebbe restata con lei ancora per un po'.

10 **sorprendente** (agg.): überraschend, erstaunlich. | 14 **sciupare:** vergeuden. | 18 **tenere qu al corrente di qc:** jdn. über etwas auf dem Laufenden halten. | 18 f. **il percorso scolạstico:** Schullaufbahn. | 23 **la ciocca:** (Haar-)Strähne. | 24 **attorcigliato/a:** aufgewickelt. | **l'ametista** (f.): Amethyst.

Sulla porta mia madre aveva avuto un ripensamento e si era voltata indietro.

– Alla scuola non ci so' andata, ma stupida io non ci sono, professore'. L'ho capito pure da sola che essa tiene il cervello per lo studio –. Mi toccava la testa parlando. – Vedo come posso arrangiarmi e la faccio continuare.

La voce nel ricevitore era un po' diversa dall'ultima volta, la sentivo più piena e rotonda, anche dopo aver percorso tutti quei chilometri di cavi. Non suonava accorata e neppure sapeva di malattia. Per un istante l'ho creduta guarita e pronta a riprendermi, era per quello che chiamava? Una lama di angoscia mi ha trafitto la gola, a sorpresa, davanti alla prospettiva più desiderabile, per me. Non lo sapevo più, cosa desiderare. È stato solo un momento di confusione, intanto l'altra continuava, calma.

– Tua madre forse ti ha già detto che vogliamo mandarti in un buon liceo, te lo meriti.

Sono rimasta gelata da quel soggetto che le è venuto così spontaneo, come se non fosse mia madre anche lei, ma una vecchia zia danarosa disposta a finanziare il mio futuro.

– Quindi torno a casa? In paese di licei non ce ne sono, – ho provato dopo una pausa.

– Veramente pensavo di sistemarti dalle Orsoline, è un ottimo collegio per studentesse. Alle spese provvederò io.

1 **il ripensamento:** Überlegung, Meinungsänderung. | 12 **trafiggere** (*trafitto*): durchbohren. | 13 **desiderabile** (agg.): erstrebenswert. | 17 **meritarsi qc:** etwas verdienen. | 20 **danaroso/a:** reich, vermögend. | 24 **le Orsoline:** Ursulinen, von Angela Merici 1535 in Brescia gegründete Ordensgemeinschaft. Eines ihrer Ziele ist die Förderung der Erziehung und Bildung junger Mädchen.

– Il collegio te lo scordi. Piuttosto non vado più a scuola, – ho risposto secca.

– Vedremo di trovare un'altra soluzione, allora, magari una famiglia di fiducia che ti prenda come pensionante.

– Ma perché non posso venire a casa con voi? Che cosa vi ho fatto? – ho quasi gridato.

– Niente, adesso non posso spiegarti. Ma ci tengo molto che tu prosegua negli studi.

Un ragazzo si è avvicinato alla cabina, camminava avanti e indietro dall'impazienza. Ho chiuso la porta di scatto tirando il maniglione verticale.

– E se volessero tenermi i genitori di Patrizia? – l'ho sfidata.

– Non mi sembra la famiglia adatta. Ma non ti preoccupare, abbiamo tutto il tempo per organizzarci.

Un rumore in sottofondo, come di sedia spostata. Poi una voce maschile che diceva qualcosa. Però non avrei potuto giurarci, a tratti si sentivano delle interferenze.

– Chi c'è lì con te, papà? – ho chiesto sudando in tutto il corpo. Il ragazzo ha bussato al rettangolo di vetro e ha battuto più volte con l'indice sull'orologio da polso.

– No, è la televisione, – ha risposto lei. – A proposito, pensavo di regalartene una, mi sa che là non ce l'avete.

– Venite voi a portarla?

– Non posso, te la faccio recapitare.

– Allora risparmiati i soldi, non la voglio. Tanto avete deciso che io a settembre me ne vado, no? E poi qui d'estate stiamo sempre in mezzo alla strada, non la guardiamo.

4 **il/la pensionante:** Kostgänger(in), Pensionsgast. | 11 **il maniglione** (accr.): *la maniglia.* | 16 **il sottofondo:** Hintergrund. | 18 **l'interferenza:** Interferenz, Störgeräusch.

Speravo di averla provocata, ma non ha reagito. Aveva fretta, ormai, più del tipo che marciava sbuffando lì fuori. Di nuovo la voce dietro, ma non capivo le parole. E uno strano verso, poi. Lei si è impegnata a richiamarmi, ci saremmo anche incontrate, ha detto. Ha finito con saluti precipitosi e ha riagganciato, senza aspettare a vuoto i miei. Sono rimasta con la cornetta sudata in mano e un *tu* intermittente, nella testa una rabbia infiammabile. Ho subito deciso di non vederla più, e basta mamma, anche dentro di me l'avrei chiamata Adalgisa, con tutto il gelo che il nome nascondeva. L'ho perduta davvero, e per un paio d'ore ho creduto di poterla dimenticare.

– Ecco chi era, l'Arminuta, – ha detto il ragazzo quando sono uscita. Ha sputato per terra guardandomi.

– Telefona con calma, che intanto trovo i miei fratelli. Ti faranno a pezzi, – l'ho minacciato a denti stretti e feroci.

A metà pomeriggio pettinavo Giuseppe con le dita e lui stava fermo e zitto sul mio letto, gli piaceva. Chissà quanto si era sforzata per non piangere, a risentirmi dopo quasi un anno. O forse per qualche attimo aveva dovuto coprire il microfono con la mano, le conoscevo quel gesto. Se non riusciva ancora a riprendermi, c'erano di sicuro dei gravi motivi che non era il momento di spiegarmi, così aveva detto. In fondo le ragazzine come me non potevano capire tutto. Ma io restavo certa che un giorno sarei tornata a casa, anche se nessuno ne parlava mai. Sarebbe stata una sorpresa, ma bella, stavolta.

5f. **precipitoso/a:** überstürzt. | 7f. **intermittente** (agg.): unregelmäßig. | 8 **infiammạbile** (fig.): jähzornig.

Mi pensava sempre, si preoccupava del mio futuro. Ci saremmo incontrate. Cos'altro cercavo? Le avevo risposto da ingrata e non sapevo come rintracciarla per scusarmi. Qualche lacrima mi è caduta sul viso di Giuseppe, ha aperto gli occhi.

Mi sono pentita anche per il televisore. Avrebbe confortato Adriana quando fossi andata alle scuole alte, come le chiamava lei. Ne avevano avuto uno usato in regalo, una volta, ma dopo qualche mese si era rotto e non era stato possibile aggiustarlo né comprarne uno nuovo. Era finito giù nella rimessa poco prima che io arrivassi. Quell'inverno avevamo visto tutte le puntate di *Sandokan* al piano terra, sedute sul divano della vedova. Con lei avevamo pianto Marianna sgranocchiando ceci abbrustoliti. La Perla di Labuan moriva tra le braccia possenti della Tigre della Malesia, di cui eravamo pazze. Ma lui aveva detto che mai più una donna avrebbe avuto il suo amore.

Con un sussulto di orgoglio avevo privato Adriana di un passatempo per ingannare la mia assenza futura. Ci riflettevo su, un po' mortificata.

Quel giorno di giugno, presa tra le mie due madri. Ogni tanto ripenso alla mano della prima che ho avuto per qualche momento sulla spalla, a scuola. Continuo a chiedermi perché ce l'avesse appoggiata, avara di carezze com'era.

12 ***Sandokan:*** *Sandokan – der Tiger von Malaysia*; auf den Abenteuerromanen von Emilio Salgari (1862–1911) basierende Minifernsehserie aus dem Jahr 1976. | 14 **abbrustolito/a:** geröstet. | 18 **privare qu di qc:** jdn. um etwas bringen. | 19 **ingannare:** überlisten, hinwegtäuschen.

28.

Era trascorso poco più di un anno, ma era stato il più lungo di quelli che avevo vissuto e più di tutti avrebbe invaso il futuro. Ero troppo giovane e sospinta dalla corrente per vedere il fiume in cui mi trovavo gettata.

Salivo scale diverse con la stessa valigia in una mano, la borsa con le scarpe confuse nell'altra. Mio padre girava in tondo alla ricerca di un parcheggio, non era pratico della guida in città, si era giustificato in anticipo durante il viaggio per il resto silenzioso. Agli incroci gli avevano più volte strombazzato per le sue indecisioni. Io non avevo saputo aiutarlo, troppo accorata dopo la partenza. Con un piede dentro e uno fuori, ero rimasta un momento a guardare Giuseppe che strillava e mi tendeva le mani, mentre la madre lo reggeva. Vai vai, aveva detto lei sovrastando le urla, e così ci eravamo lasciate. Adriana non aveva voluto salutarmi, era furiosa con me che infrangevo il giuramento di non separarci. Si era nascosta nella rimessa.

In qualche modo eravamo arrivati all'indirizzo che avevo segnato. Il palazzo era a un paio di chilometri dalla spiaggia, e a poche traverse dal liceo che avrei frequentato. Appena scesa dalla macchina l'avevo guardato dal basso nel suo vo-

4 **sospingere** (*sospinto*): (voran)treiben. | **la corrente:** Strömung. | 7f. **girare in tondo:** Runden drehen. | 11 **strombazzare:** hupen. | **l'indecisione** (f.): Unentschlossenheit. | 15f. **sovrastare:** übertönen, übertreffen. | 17 **infrangere** (*infranto*): verletzen, zerbrechen. | 22 **la traversa:** Querstraße.

lume severo e compatto, l'intonaco color nocciola. Rispetto alla casa che avevo abitato fino all'anno prima si trovava dalla parte opposta della città. Al terzo pianerottolo una porta aspettava socchiusa. Mi sono fermata un attimo a calmare il respiro e il cuore. Stavo per bussare quando un'anta si è aperta piano e nella penombra dell'ingresso è comparsa una ragazza colossale. Così mi è sembrata, rispetto a me. Ha salutato con un ciao largo e accogliente, già pieno di confidenza. La voce incantava, ci tintinnavano dentro minuscoli campanelli che si spegnevano qualche istante dopo le parole.

– Vieni, mia madre torna tra un minuto, – ha detto prendendomi i bagagli.

L'ho seguita nella camera che avremmo condiviso. Sul letto destinato a me due scatole di scarpe e i vestiti nuovi da indossare durante l'anno scolastico. Erano esposti in un certo ordine, come i regali per la sposa nei giorni precedenti il matrimonio. I miei futuri libri di testo occupavano un ripiano dello scaffale che Sandra mi ha mostrato, i quaderni erano pronti sulla scrivania, accanto a una calcolatrice. Adalgisa era da poco passata di là, sempre generosa.

– È venuta tua zia con tutta questa roba per te, – ha confermato Sandra.

Mi guardava con i grandi occhi castani e sorpresi, forse del mio scarso entusiasmo per i doni che mi avevano preceduta. Eppure ne avevo bisogno, gli indumenti che mi vede-

1 **compatto/a:** massiv. | **l'intọnaco:** Verputz. | **color nocciola** (agg., invar.): haselnussbraun. | 1 f. **rispetto a qu/qc:** im Vergleich zu ewas/jdm. | 7 **colossale** (agg.): enorm, von riesigen Ausmaßen. | 10 **il campanello** (dim.): *la campana.*

va addosso non erano granché. Ma ero stanca di ricevere merce in quel modo.

La osservavo anch'io, da sotto in su, con discrezione. A dispetto della mole sembrava più piccola dei suoi diciassette anni, per via della pelle pulita di bambina, il viso di angelo smisurato.

Sua madre è rientrata insieme a mio padre, che aveva incontrato per le scale. Lui non ricordava il cognome della famiglia che mi avrebbe ospitata e vagava da un pianerottolo all'altro suonando alle porte. La signora Bice lo aveva tratto d'impaccio e se l'era tirato dietro parlandogli con il forte accento toscano che conservava nella lontananza dalla sua terra. Ci ha portati in cucina e servito i cantucci sfornati da poco, a mio padre anche un bicchierino di vin santo per intingerli.

– Questo lo prendo su, quando vado dall'altra mia figlia a Firenze. Senta che roba, – e ha aspettato il commento dopo l'assaggio. Poi si è rivolta verso di me che sbocconcellavo un biscotto per educazione, mi ha valutata in larghezza. – Tu sei troppo magrolina, guarda noi qua! – Ha indicato se stessa e la figlia e ha riso scuotendo i seni prosperosi. La mandibola prominente e i canini inferiori in rilievo ricordavano un allegro bulldog.

La signora Bice aveva intuito al primo sguardo che la mancanza di cui soffrivo non riguardava il cibo, ne sono certa. Negli anni trascorsi con lei non si è offerta come

4 **la mole:** Umfang. | 6 **smisurato/a:** maßlos; hier: aus der Form geraten. | 11 **l'impaccio:** Verlegenheit. | 13 **i cantucci:** Cantuccini, ital. Mandelgebäck. | **sfornato/a:** ofenfrisch. | 14 **il vin santo:** süßer Wein, Dessertwein. | 20 **magrolino/a** (dim.): *magro/a.* | 21 **prosperoso/a:** üppig. | 22 **il (dente) canino:** Eckzahn. | 23 **il bulldog** (invar.): Bulldogge.

sostituta, si è limitata a nutrirmi con affetto, apprezzare il mio impegno nello studio, inventarsi il rituale della camomilla dopo cena per conciliarmi il sonno sempre inafferrabile. Era già molto più di quanto le fosse stato richiesto.

La mattina veniva lei in camera per la sveglia, mi trovava a occhi aperti, spesso un libro tra le mani. – Guarda quella pelandrona, – diceva con un cenno verso la figlia gigante addormentata sotto le coperte. Sorridevamo complici, poi cominciava a chiamarla.

Le sono ancora grata, ma non ha ricevuto mie visite dopo l'esame di maturità. Mi manca la consuetudine di tornare da chi ho lasciato.

Quel pomeriggio, prima che mio padre andasse via, ho cercato tra i vestiti esposti sul letto qualcosa che Adriana potesse mettersi. Erano troppo grandi per lei, tranne un cappello e una sciarpa. Non essere arrabbiata con me, sabato riparto subito dopo la scuola, aspettami in piazza alle tre, ho scritto su un bigliettino. Ho consegnato tutto a lui perché glielo portasse.

– Se ci fa bisogno tiraglielo uno schiaffo, fai conto che è la figlia tua, – raccomandava alla signora, avviandosi alla porta. Non sapeva darle del lei. Nel suo modo rozzo le chiedeva di volermi bene come una madre, oggi posso credere così.

– Stai attenta sabato quando pigli il postale per rivenire, che dalla città non ne parte uno solo. Cerca di azzeccarci, –

1 **il sostituto / la sostituta:** Stellvertreter(in); hier: Ersatzvater/-mutter. | **apprezzare:** schätzen. | 3 f. **inafferrạbile** (agg.): nicht greifbar, unerreichbar. | 7 **il pelandrone / la pelandrona:** Faulpelz. | **gigante** (agg.): riesig. | 8 **cọmplice** (agg.): komplizenhaft. | 11 **la consuetụdine:** Angewohnheit. | 16 **la sciarpa:** Schal. | 18 **il bigliettino** (dim.): *il biglietto.* | 20 **fare conto:** hier: tun als ob. | 25 **azzeccare:** hier: erwischen.

mi ha detto, e poi, di nuovo alla padrona di casa: – Magari è meglio che me l'accompagni alla fermata, almeno la prima volta. Anche alla scuola per piacere, che essa non lo sa dove si trova.

Parlava come se fossi sua. Non si era mai preoccupato per me e neanche per gli altri figli, veramente. O forse ero io che non l'avevo visto. Ho abbassato la testa dall'emozione.

– Raddrizza 'sse spalle, sennò ti sgobbi.

La pacca è arrivata vigorosa e correttiva. Sono rimasta con l'impronta del palmo pesante di mio padre sulla schiena.

Più tardi Sandra guardava il mio smarrimento.

– Ti aiuto a sistemare i bagagli, – ha proposto.

– Dà fastidio se attacco qualcosa al muro? – ho domandato.

– No, figurati, ecco le puntine.

Un disegno di mia sorella, ci si era impegnata in un giorno di pioggia che aveva chiuso l'estate. Sulla carta io e lei ci tenevamo per mano tra l'erba in fiore. Con quella libera reggevo un libro, c'era scritto STORIA sulla copertina, mentre lei un panino. Un lembo di mortadella pendeva, riconoscibile dai cerchietti bianchi di grasso in mezzo al rosa. Adorava la mortadella. Un'altra differenza colta dalla matita: lei sorrideva con certi dentini, io no. È sempre stata un genio, Adriana.

8 **raddrizzare:** aufrichten. | **sgobbarsi** (dial.): buckelig werden. | 9 **la pacca** (fam.): freundschaftlicher Schlag, Klaps. | **vigoroso/a:** kraftvoll. | **correttivo/a:** ausgleichend, verbessernd. | 12 **lo smarrimento:** Verwirrung. | 16 **figurati** (inter.): Macht nichts! Nicht der Rede wert! Nichts zu danken! Denk nur! | **la puntina:** Reißzwecke. | 22 **il cerchietto** (dim.): *il cerchio.* | 24 **il dentino** (dim.): *il dente.*

Ho fissato il foglio alla parete dietro la scrivania, vicino ho aggiunto un fazzoletto che usava per ripararsi la testa dal sole e che pure mi ero portata via a sua insaputa, tanto per quell'anno non le sarebbe più servito. A volte l'avevo vista annodarselo svelta svelta dietro la nuca, quando eravamo stati a raccogliere le fave, per esempio.

«'Sto coso mi fa sudare, ma senza mi esce il sangue dal naso», diceva.

Mentre puntavo gli angoli del quadrato di stoffa sentivo l'odore dei capelli di Adriana e lo sconforto diminuiva un po', come una febbre. Poi il fazzoletto ce l'avevo di fronte ogni notte, con i suoi motivi geometrici scoloriti. Casette, alberelli stilizzati, cestini, pulsavano nel buio come figure fosforescenti suscitate dai miei occhi. Allora pensavo a lei e al patto che credeva tradito. Un giorno mi sarei riabilitata, se fossi riuscita a portarla lì con me. Avevo già stimato le misure della camera, un altro letto ci poteva stare e magari a Sandra, a sua madre, al padre che avevo intanto conosciuto, non sarebbe dispiaciuta un'ospite in più. Avrebbero riso alle battute fulminee di Adriana, li avrebbe stupiti con il buon senso troppo adulto.

Sentivo già di doverla ripagare per certe fortune di cui godevo, rispetto a lei. Eppure tra noi due non sembro io la più adatta alla vita.

2 **ripararsi da qc:** sich vor etwas schützen. | 10 **lo sconforto:** Kummer, Niedergeschlagenheit. | 13 **l'alberello** (dim.): *l'ạlbero.* | **stilizzato/a:** stilisiert. | 14 **fosforescente** (agg.): phosphoreszierend. | 15 **il patto:** Abmachung, Übereinkunft. | **riabilitarsi:** Abbitte leisten, es wieder gut machen. | 16 **stimare:** einschätzen. | 20 **fulmineo/a:** blitzartig; hier: schlagfertig. | 21 **il buon senso** (invar.): gesunder Menschenverstand. | 22 **ripagare:** hier: entschädigen.

Chissà cosa le sarebbe accaduto, mentre non c'ero. Le mie notti erano popolate dalle disgrazie che potevano colpirla, in fondo un fratello l'avevamo già perso e forse quella casa le attirava, le disgrazie. Dedicavo a lei le veglie di quel primo periodo, ma negli anni un pretesto che mi agitava l'ho trovato sempre, per non dormire. Tento ancora qualche rimedio, un materasso nuovo, un farmaco appena uscito, una tecnica di rilassamento messa a punto da poco. Già so che non mi lascerò spegnere, se non a brevi intervalli. Sul cuscino mi aspetta ogni sera lo stesso grumo di fantasmi, oscuri terrori.

5 **agitare:** bewegen, aufregen. | 7 **il rimedio:** Heilmittel. | 8 **mettere a punto:** ausarbeiten. | 10 **il fantasma:** Gespenst. | 11 **oscuro/a:** dunkel, finster.

29.

Mi sono abituata anche a quella casa, alla famiglia. Al signor Giorgio, il padre di Sandra, mite e silenzioso. Era l'unico magro lì, la moglie aveva rinunciato a ingrassarlo, ormai. È riuscita invece ad aumentare di qualche chilo il mio peso, come una strega buona che non mi avrebbe mangiata. Mi serviva delle porzioni abbondanti e le finivo, per l'imbarazzo di lasciare gli avanzi nel piatto.

Il primo giorno la signora Bice mi ha accompagnata a scuola, così le aveva chiesto mio padre. Ho imparato la strada più breve, a metà percorso da un balcone cinguettavano dei canarini in gabbia che avrei ritrovato ogni mattina.

– Va bene qui, grazie, – le ho detto quando siamo arrivate in vista dell'edificio giallino e dei ragazzi vocianti, a gruppi, in attesa di entrare.

Mi sono diretta da sola verso il portone aperto. In gola il nodo di ogni inizio, di eccitazione e paura. Della mia classe conoscevo una ragazza che frequentava la stessa piscina, anni addietro. Non l'avevo vista, per via dello sguardo basso, mi ha chiamata lei e ci siamo sedute vicine. Si era da poco trasferita con la famiglia in quel quartiere.

– E tu come mai ti sei iscritta a questo liceo, non abiti lungo la riviera nord? – mi ha domandato più tardi.

Ho aperto la bocca per rispondere e l'ho richiusa. Non

3 **mite** (agg.): mild, sanft. | 6 **la strega:** Hexe. | 11 **cinguettare:** zwitschern. | 12 **il canarino:** Kanarienvogel. | 14 **giallino/a** (dim.): blassgelb, gelblich. | **vociante** (agg.): lärmend. | 19 **addietro** (avv.): vergangen, zurück.

sapevo cosa dire, di sicuro non la verità e al momento nessuna bugia credibile mi soccorreva.

– È una lunga storia, – ho mormorato poi, con un attimo di anticipo sul suono liberatorio della campanella. Gliel'avrei raccontata un'altra volta, intanto mi sarei preparata a mentire.

Sono cominciati così gli anni della vergogna. Non mi avrebbe più lasciata, come una macchia indelebile addosso, una voglia di vino sulla guancia. Ho costruito una favola possibile per giustificare agli altri, insegnanti, compagni di scuola, la famiglia deserta che mi vedevano intorno. Ripetevo che mio padre carabiniere era stato trasferito a Roma e io non avevo voluto allontanarmi dalla nostra città. Mi ospitava una parente e a fine settimana raggiungevo i genitori nella capitale. Il falso risultava più plausibile di quello che era accaduto davvero.

Un pomeriggio Lorella, la mia vicina di banco, ha telefonato per chiedere in prestito il quaderno di matematica.

– Te lo porto io, dove abiti di preciso? – le ho domandato con una fretta eccessiva.

– Ma no, sono di passaggio con mia madre proprio nella tua via, qual è il palazzo?

Ormai ero in trappola, ho dovuto dirle numero civico e piano. C'era solo la signora Bice in casa, per fortuna.

2 **soccọrrere** (*soccorso*): helfen. | 4 **liberatorio/a:** befreiend. | 8 **indelẹbile** (agg.): unauslöschlich. | 9 **la voglia di vino** (fam.): Feuermal. | 11 **deserto/a:** öde, ausgestorben. | 15 **plausịbile** (agg.): glaubwürdig. | 20 **eccessivo/a:** übersteigert, maßlos. | 21 **ẹssere di passaggio:** auf der Durchreise sein, an einem Ort vorbeikommen. | 23 **ẹssere in trạppola:** in der Falle sitzen. | **il nụmero cịvico:** Hausnummer.

– Adesso viene una compagna di scuola. Sa che lei è mia zia, va bene?

– Certo, però ricorda di darmi del tu, – e mi ha strizzato un occhio forse pietoso. Capiva, senza bisogno di spiegazioni. Ha voluto aprire lei a Lorella. – Accomodati, mia nipote ti sta aspettando.

Ha insistito per accompagnarmi anche alla fermata dell'autobus, il primo sabato. Il viaggio sembrava interminabile e avevo paura. Magari al paese si erano già dimenticati di me. Il tempo per legarci era stato breve, se pure ne eravamo capaci.

Il lunedì avevo mandato una cartolina a mia sorella scrivendole di salutarmi tutti gli altri. Sarebbe diventata un'abitudine, ne avrei spedita una alla settimana, per ricordare ai miei che c'ero e sarei tornata a casa. Per Adriana e Giuseppe ci disegnavo dei cuori e scrivevo *smack*. In certi periodi il servizio postale era più lento e lo precedevo con il pullman del sabato.

Proprio quella prima volta la strada era bloccata per un incidente a qualche chilometro dall'arrivo, e siamo rimasti fermi a lungo. Di sicuro mia sorella era già stufa di aspettarmi, se si era presentata all'appuntamento. Quando infine l'autobus ha superato il cartello BENVENUTI, ho sentito che lei ormai in piazza non c'era e per me sarebbe stato più difficile rientrare da sola. Invece stava lì con i pugni sui fianchi e i gomiti in fuori, sulla faccia la smorfia di disappunto

3 f. **strizzare l'occhio a qu:** jdm. zuzwinkern. | 8 f. **interminạbile** (agg.): endlos, unendlich. | 10 **legarsi:** eine Bindung aufbauen. | 16 **smack** (ingl., inter.): aus der Comicsprache entlehnter, lautmalerischer Ausdruck, in etwa »Schmatz!«. | 26 **il disappunto:** Enttäuschung, Missmut.

che le conoscevo. Mancavano pochi minuti alle quattro del pomeriggio.

– Non è che ti posso aspetta' le ore. Io le cose da fare pure le tengo, – è sbottata.

Era proprio buffa, nell'aria ancora tiepida indossava il cappello di lana che avevo dato a nostro padre da portarle. Nel linguaggio teatrale di Adriana significava che mi aveva perdonato la colpa di averla lasciata. Ci siamo stritolate in un abbraccio.

Forse solo io e lei avevamo visto nel mio ritorno in città una nuova separazione. A casa, nostra madre si è comportata come se fossi uscita da cinque minuti per prendere un pacco di sale dal tabaccaio. Però mi aveva tenuto nel forno spento un piatto di pasta del pranzo. L'ha anche scaldata, mentre ero in bagno. Doveva aver calcolato che tra la scuola e il pullman non avevo avuto il tempo di mangiare.

– Ariecco questa, – mi ha salutata Sergio guardando storto.

Niente era diverso dopo una settimana.

Un venerdì di dicembre mi è venuta la febbre e il sabato la signora Bice è stata irremovibile, non potevo ripartire. Ho telefonato alla cantina di Ernesto per chiedergli di avvisare i miei, ha detto va bene ma chissà se aveva capito, sentivo forti le voci alterate degli avventori, il tintinnio dei bicchieri infrangibili. Soprattutto non volevo che Adriana mi

5 **buffo/a:** komisch, drollig. | 8 **stritolarsi:** sich zermalmen/erdrücken. | 17 **ariecco, riecco** (avv., fam., inter.): siehe da … wieder! | 21 **irremovịbile** (agg.): unerschütterlich, unbeugsam. | 24 **alterato/a:** verändert, verfälscht. | **l'avventore / l'avventrice:** Kunde/Kundin. | **il tintinnịo:** Geklirr. | 25 **infrangịbile** (agg.): unzerbrechlich, bruchfest.

aspettasse alla fermata. Ho contato i giorni fino alle vacanze di Natale e poi li ho scalati uno a uno mentre passavano.

Al ritorno l'ho trovata smagrita e in guerra con tutti. Anche a me ha rivolto appena un cenno del mento quando sono entrata con la borsa, subito dopo è scesa dalla vedova trascinando il muso per le scale. Voleva che qualcun altro mi dicesse cosa capitava.

– Ma che ha? – ho domandato infatti a mia madre in piedi davanti al tavolo della cucina. Accanto a lei, sul pavimento, un secchio con le patate da sbucciare.

– Chi, sòrete? S'è ammattita, non mangia. Solo l'uovo sbattuto con la marsala, la mattina presto, ma non l'ha da vede' nisciuno, sennò lo lascia. Io glielo faccio e me ne torno nella camera.

– E perché si comporta così? – le ho chiesto masticando le rape con i fagioli che mi aveva tenuto da parte. Mi ero seduta di fronte a lei, con il piatto sul ripiano nudo.

– Non ci vuole stare più ecco, 'sta gatta foràstica. Se ne vuole veni' con te alla città, – e ha mosso il coltello incredulo nell'aria. – Certe volte s'impunta come un mulo e non va alla scuola, non c'ha manco paura delle botte del padre, questa.

Ha scosso la testa, una buccia a forma di spirale le è caduta per terra.

– Ora finisco e vado giù a chiamarla, – ho detto.

– Vedi se con te ci ragiona, che un po' ti dà retta. Tuo pa-

2 **scalare:** abziehen. | 3 **smagrito/a:** abgemagert. | 11 **la sòrete** (dial.): Schwester. | 12 **sbattuto:** hier: verquirlt. | **il marsala:** Marsala; süditalienischer Likörwein. | 18 **foràstico/a** (dial.): wild, ungezähmt. | 20 **impuntarsi come un mulo:** bocken wie ein Maulesel. | 21 **la botta:** Schlag, Hieb. | 26 **dare retta a qu:** auf jdn. hören.

dre sta in pensiero, c'ha paura che ci si muore pure 'sta figlia. Riviene tutte le sere con un uovo fresco, se lo fa portare da uno che fatica alla fornace e tiene la campagna.

Sono scesa da mia sorella. Stava sul divano e appena mi ha sentita ha afferrato la prima rivista alla sua portata, fingendo di concentrarsi nella lettura. Sul tavolinetto basso un vassoio di biscotti, ma sembrava non ne mancasse nemmeno uno. La vedova ci provava, mia madre l'aveva avvertita. Adriana non era tipo da cascarci.

Mi sono seduta accanto a lei, eravamo di casa lì. Ho sbocconcellato un taralluccio e poi un altro, nella speranza di contagiarla. Esauriti i convenevoli – quant'ero cresciuta ancora e com'ero diventata bella – Maria trafficava in cucina. Ha aperto il forno, conoscevamo a memoria il cigolio dello sportello. L'odore del polpettone è arrivato fino a noi. Adriana teneva gli occhi sulla pagina di «Grand Hotel», il collo teso.

– Cos'è questa storia? – le ho chiesto fiatandole nell'orecchio.

– Un fotoromanzo, non lo vedi? – ha barato con la voce un po' stridula, che quasi voleva sciogliersi in pianto.

– Non quella. Tu, che combini?

– Io non lo so di che parli, – ha risposto, ancora senza voltarsi.

Ha accavallato le gambe e inclinato leggermente il busto

6 **il tavolinetto** (dim.): *il tavolo.* | 11 **il taralluccio:** Art Butterkeks. | 12 **esaurire:** aufbrauchen, erschöpfen. | 15 **il polpettone** (accr.): Hackbraten (*la polpetta:* Fleischkloß). | 16 ***Grand Hotel:*** in Italien weitverbreitete Klatschzeitung. | 20 **il fotoromanzo:** Fotoroman. | **barare:** schummeln, tricksen. | 21 **strịdulo/a:** schrill. | 25 **accavallare le gambe:** die Beine übereinanderschlagen. | **inclinare:** neigen.

in modo da aumentare la distanza da me, lasciando che il giornale le scivolasse dalla parte dove non ero. Alcune pagine si sono chiuse e ha ripreso a leggere a caso, con troppa curiosità.

– Sembra che non mangi, vai a scuola a giorni alterni. Sopra sono preoccupati per te.

– Preoccupàti quelli là, figurati! Quelli non si preoccupano manco se ti muori, – e ha girato alcuni fogli con una foga da strapparli, quasi.

– Io posso aiutarti?

Subito non ha risposto. Le ho preso il braccio filiforme con la mano e se l'è tenuta. Non potevo vederla in viso, ma sentivo la sua resistenza cedere un poco alla volta.

– Quand'è ora te lo dico, – e ha chiuso la rivista di colpo. – Ciao Mari', – ha salutato alzandosi e io l'ho seguita. Maria è venuta dalla cucina, mi ha guardata e ha stretto le labbra in segno di impotenza e apprensione. Adriana già su per le scale.

Abbiamo cenato senza di lei, si era ritirata in camera. Giuseppe mi stava addosso di continuo, appena tornavo, l'ho addormentato e poi l'ho raggiunta. Non ricordo dove gli altri due maschi trascorrevano la notte, né il motivo. Mia sorella era seduta sul bordo del letto di sopra, dondolava le gambe nel vuoto. Le ha fermate mentre salivo la scaletta.

– L'ha rotto quell'asino di Sergio, – ha detto vedendo che notavo un piolo in meno. – Io qua non ci voglio stare più, –

5 **alterno/a:** abwechselnd; hier: jeden zweiten. | 8 **la foga:** Eifer, Hitze. | 11 **filiforme** (agg.): strichförmig, klapperdünn. | 13 **un poco alla volta:** nach und nach. | 17 **l'apprensione** (f.): Besorgnis. | 27 **il piolo:** (Leiter-)Sprosse.

ha cominciato calma, già prima che mi sistemassi vicino a lei.

Ha preso a staccarsi dal dorso della mano sinistra la crosta scura di una ferita.

– Da quando sei riandata alla città, mi sento persa ecco. Penso sempre a te e a Vincenzo, – e ha indicato con il mento il letto vuoto che nessuno aveva avuto il coraggio di togliere.

Si è aiutata un attimo con i denti dove non riusciva con le unghie. Sotto è apparsa la pelle nuova, rosa vivo, con la voglia di cedere alla pressione del sangue che la irrorava.

– Mi devi fa' veni' dove stai tu, glielo domandi a quella signora tanto buona, – ha aggiunto come se niente fosse più facile.

– Che ne sai se è buona? E poi non ce l'ha un altro posto, stiamo già strette io e sua figlia, – ho detto con una durezza improvvisa.

– Ma io occupo poco. Posso anche dormire con te, ci mettiamo al contrario, coccia e piedi, ti ricordi quando sei arrivata? – ha chiesto guardandomi con quegli occhi speranzosi di mendicante bambina.

Certo che me lo ricordavo, eppure sentivo una resistenza, dentro, e non capivo da dove venisse. L'avevo immaginato spesso di portarla via con me. Ho appoggiato le spalle al tramezzo dietro di noi, che divideva la camera da quella dei nostri genitori.

– Se anche dicessero di sì, chi glieli dà a loro i soldi per pagarti la pensione? – e ho battuto piano con le nocche sul muro.

3 f. **la crosta:** Schorf, Grind. | 10 **irrorare:** durchbluten. | 19 f. **speranzoso/a:** hoffnungsvoll. | 20 **mendicante** (agg.): Bettel…, bettelnd. | 24 **il tramezzo:** Zwischenwand. | 27 **la nocca:** Fingerknöchel.

– Essi non li tengono di sicuro, – ha risposto pronta Adriana. E poi, in tono fermo e meditato: – Ma ci sta chi li tiene. Adalgisa. Ci potresti provare.

Ho raddrizzato la schiena di colpo. – Ma come ci pensi? Sei impazzita davvero. Io non so nemmeno dove trovarla.

– Va bene, allora. Ecco a me non mi cala più niente. Se mi muoio di fame non metterti a piangere, dopo –. Ha ripreso a dondolare le gambe, senza fretta, fissando la parete di fronte. Aveva un vantaggio su di me, una specie di progetto già compiuto nella mente. Giocava la sua partita da adulta.

– Cerca di ragionare, per favore. Lei provvede già ai miei studi. Che motivo avrebbe di occuparsi anche di te? Mica sei sua figlia, – le ho detto sudando.

– Manco tu, se è per questo. Adalgisa ti si è solo pigliata per un po' di anni e poi t'ha riconsegnata.

Ho tentato un'estrema difesa, non ero disposta a lasciarla attaccare da un altro.

– L'ha fatto perché era malata e non poteva prendersi cura di me. Voleva proteggermi.

Se Adriana mi avesse guardato, forse si sarebbe fermata, ma i suoi occhi erano sempre su quel muro bianco sporco lì davanti e non hanno visto la disperazione.

– Malata, proprio! Ancora credi alle favole, tu. Quella era incinta, perciò vomitava. Possibile che non c'hai pensato?

– Tu sei completamente stupida, – ho detto scuotendo la testa. – Lei è sterile, per quello mi aveva adottata.

– Mi sa che non era capace il marito, essa mo tiene un

1 **essi:** *loro.* | 2 **meditato/a:** wohlüberlegt. | 6 **ecco a me non mi cala più niente:** hier hält mich nichts mehr. | 25 **incinta:** schwanger. | 27 **stẹrile** (agg.): unfruchtbar. | **adottare:** adoptieren.

bambino, e non è il figlio del carabiniere. Ecco perché è successo 'sto macello.

– Ma che ne sai tu? Sei solo una pettegola ignorante, – e mi sono voltata dal disgusto, ansimando. Il cuore mi batteva furioso all'interno delle tempie, come pugni di un diavolo prigioniero.

– Lo sanno tutti. Io ho sentito mamma e papà, si dispiacevano che la creatura si sta a fa' grande e ancora essi non vanno a regala' per il battesimo.

Così Adriana mi ha inchiodata alla verità, nell'antivigilia del Natale 1976. Al pranzo della festa saremmo state in due a non mangiare, il brodo di cardo con la stracciatella sarebbe avanzato per un nevoso Santo Stefano.

Non avevo più parole per risponderle, sul piano alto del letto a castello che Adalgisa ci aveva mandato l'anno prima. Le ho preso la mano sinistra e ho affondato il più possibile le unghie nella carne, riaprendo la ferita. Abbiamo visto insieme il sangue che affiorava intorno ai tagli delle uniche armi che mi erano rimaste. Non ha gridato e non si è sottratta. Quando ho ritirato le dita, l'ho spinta giù con un colpo alla schiena, ma lei sapeva come cadere da lì sopra. Ho pianto con una violenza mai provata.

Poi sono andata distesa e non mi sono più mossa. Il corpo pulsava, respirava per conto suo. Adriana ha capito che non era il caso di tornare su, si è accucciata lì sotto, a qualche palmo dal mio odio.

2 **il macello** (fam.): Schlamassel. | 3 **il pettẹgolo / la pettẹgola:** Klatschmaul. | 10 **l'antivigilia:** Tag vor dem Vorabend; hier: Tag vor Weihnachten (*la vigilia di Natale:* Weihnachtsabend.) | 13 **nevoso/a:** verschneit. | **Santo Stẹfano:** Stephanstag, Zweiter Weihnachtsfeiertag, 26. Dezember. | 25 **ẹssere il caso:** angebracht sein.

30.

Lo strano verso in sottofondo, quando Adalgisa mi aveva telefonato alla cantina di Ernesto. Ecco cos'era: il pianto di un bambino. Del bambino. E la voce maschile che la chiamava – forse aveva detto si è svegliato –, più profonda di quella che conoscevo. È papà, le avevo chiesto, e lei: no, è la televisione. Ah, la televisione.

Il riposo a letto, le nausee dei primi mesi di gravidanza e di nessuna malattia. Certe sue lacrime improvvise – le credevo per me – nelle ultime settimane che avevo trascorso con loro, i toni alterati di una sera, dietro la porta chiusa della camera matrimoniale. Gli squilli seguiti dal silenzio, se ero io a rispondere. Poi quella fretta ansiosa di uscire, di solito per andare in farmacia o dal dottore. Arrivo io a prenderti le medicine, mamma, dammi la ricetta. No, adesso mi è passato, un po' d'aria mi farà bene. Ma un giorno l'ambulatorio del medico era chiuso, l'avevo visto per caso gironzolando da quelle parti. E lei più tardi era tornata da lì.

Sul pullman troppo lento ricostruivo ancora una volta gli indizi che avevo trascurato, sempre gli stessi, ma ogni tanto me ne veniva in mente uno nuovo. Il suo pacco di assorbenti sempre a metà, in bagno. E, a ritroso nel tempo, gli impegni in parrocchia diventati quasi quotidiani, tanto io ero grande, potevo restare in casa da sola. Era una catechista, Adalgisa. Ascoltava il *Credo* recitato a memoria

22 **a ritroso:** rückwärts. | 25 **il/la catechista:** Religionslehrer(in). | **il credo:** Credo, Glaubensbekenntnis.

dai ragazzini tamburellando con le dita sul libro delle preghiere, così la vedevo quando ancora mi portava con sé.

Sarei rientrata in città in anticipo sulla fine delle vacanze invernali, con il pretesto dei compiti da svolgere su un quaderno rimasto dalla signora Bice. Avevo urgenza di chiederle qualcosa, invece. E poi non riuscivo a resistere un giorno in più nella casa dove Adriana mi aveva detto: lo sanno tutti. Sarei voluta morire per la vergogna, quella notte. La madre adottiva mi aveva restituita perché le nasceva un figlio vero, lo sapevano tutti e io no.

Nelle ore più buie dopo la notizia ho tentato di fermare il petto, bastava così poco. Solo tenerlo passivo, come sott'acqua. Contavo in silenzio, nell'attesa che l'ossigeno residuo si sciogliesse nel sangue, e m'ingoiasse il sonno, sempre più pesante, fino a cambiarsi in morte. Ma raggiunto il limite ho respirato a fondo con un lungo sibilo, ero la nuotatrice che emergeva e si riempiva d'aria per sopravvivere. Il mondo che avevo conosciuto precipitava intorno, pezzi di cielo si abbattevano su di me come scenografie leggere.

Quando la luce della vigilia di Natale è apparsa alla finestra, mio padre si è svegliato oltre il muro. Cigolii ritmici della vecchia rete allentata. Non si erano più sentiti, dalla morte di Vincenzo.

Mia madre in cucina, dopo. Ero già lì, nel buio appena

1 **tamburellare:** trommeln. | 2 **la preghiera:** Gebet. | 14 **residuo/a:** restlich, verbleibend. | 17 **il sịbilo:** Pfeifen, Zischen. | **il nuotatore / la nuotatrice:** Schwimmer(in). | 19 **precipitare:** zusammenstürzen. | 20 **abbạttersi su qu/qc:** auf jdn./etwas einstürzen. | **la scenografịa:** Bühnenbild, Kulisse.

schiarito. Non mi ha vista subito, si è spaventata di un movimento.

– Perché non me l'hai detto che aspettava un bambino?

Ha allargato le braccia e si è seduta scuotendo piano la testa, come se aspettasse la domanda da molto e ancora non sapesse la risposta.

– Te lo voleva dire essa, ma è passato il tempo e non s'è vista più.

– Il padre chi è?

– Non lo so. Era il marito che non era buono per fa' i figli, quell'altro l'ha messa incinta senza tante storie.

– Dev'essere qualcuno che frequentava la parrocchia, lei ci trascorreva pomeriggi interi, – ho pensato ad alta voce. Mi sono seduta anch'io. Ho appoggiato un braccio sul tavolo lì a fianco.

– Basta che non è il prete, – ha tentato di scherzare mia madre. – Faccio il caffè, ne vuoi un goccio? Ormai sei grande, – e si è alzata. Armeggiava con la macchinetta e il cucchiaino, io non la guardavo. Dopo qualche minuto il borbottio e l'aroma nell'aria. Le ho afferrato il polso mentre posava la tazzina per me sul ripiano di fòrmica, il poco che avrei potuto bere si è rovesciato.

– Perché non me l'hai detto tu?

Non si è arrabbiata per il caffè, ha lasciato che si allargasse, profumato e bollente, fino al bordo. Una goccia è caduta, un'altra. L'aveva già zuccherato, lo riconoscevo dall'odore.

1 **schiarito/a:** aufgehellt. | 17 **il goccio:** Schluck. | 18 **la macchinetta** (dim.): kleine (Kaffee-)Maschine. | 19 f. **il borbottịo:** Zischen, Gurgeln. | 21 **la fọrmica:** Resopal. | 25 **bollente** (agg.): kochend heiß. | 26 **zuccherare:** zuckern.

Continuavo a stringerla, la sua pelle sbiancata intorno alla morsa delle mie dita.

– Aspettavo che crescevi un po', prima di darti 'sto dispiacere.

Ho allentato la presa e le ho spinto via il braccio.

– Dove stanno? – ho chiesto.

– Chi?

– Adalgisa, il figlio.

– Non lo so dove sta essa con la creatura, per quello ancora non vado a regala'.

Ha asciugato il tavolo con la spugna, le gocce sul pavimento.

– Mo non fa' come quell'altra, che non mangia. Te lo sbatto pure a te l'uovo, ne tengo tanti per Natale.

Mi sono allontanata prima che ci provasse.

Io e Adriana non ci siamo parlate, nei giorni successivi, ma mi sentivo addosso il suo sguardo colpevole, attento. Andava di rado dalla vedova, era sempre intorno, alla giusta distanza. Leggevo a letto, una sera, e mi è sfuggito il libro di mano. Lei è stata più svelta di me, è scesa dalla scaletta con i suoi modi da gatta e l'ha raccolto.

– È bello? – ha chiesto aprendolo.

– Credo di sì, mi trovo all'inizio.

Si era inginocchiata sul pavimento, ha sfogliato qualche pagina. – Mannaggia, non ci sta manco una figura. Me lo presti quando finisci? Mo che so' arrivata alle medie qualche romanzo lo devo comincia' a leggere.

– Va bene, – le ho detto e se n'è risalita tutta entusiasta.

25 **mannaggia** (inter.): Verdammt! Verflixt! | **la figura:** Bild, Abbildung.

Aveva sospeso lo sciopero della fame e mi sforzavo anch'io con il cibo che sentivo amaro come le medicine. Mangiavo il minimo per non attirare l'attenzione.

Il libro l'ho lasciato sul cuscino di Adriana, prima di ripartire. Non la trovavo in casa ed era già tardi, sono uscita senza salutarla. Appena oltre il piazzale ho riconosciuto i suoi passi alle spalle, mi ha raggiunta trafelata.

– Maria è una colla, mi chiama ogni minuto. Mo me ne so' scappata, voleva aiuto per spostare i mobili –. Si è presa un manico della borsa che portavo, per condividere il peso. Camminavamo verso la fermata, ed era quasi come tenersi per mano.

– Io forse parlo un po' troppo, certe volte, – ha ammesso ansimando per la salita.

– Non hai colpa se dici la verità. È la verità che è sbagliata.

Sul predellino dell'autobus mi sono voltata a guardarla. – Glielo chiedo alla signora, se può farti posto. Lei è buona, hai ragione.

Non era quella la domanda più urgente che mi bruciava in bocca, quando il signor Giorgio ha aperto. Avevo già dimenticato Adriana, almeno per un po'. Lui era solo in casa, la moglie e la figlia stavano in ospedale. Sandra si era rotta una gamba, senza nessuna caduta, ho immaginato lo schianto dell'osso sotto il peso. L'avrebbero dimessa la mattina dopo, intanto per quella notte la madre sarebbe rimasta con lei e io avrei dovuto aspettare per parlarle. Ho chia-

7 **trafelato/a:** atemlos, keuchend. | 8 **la colla:** Leim, Klebstoff; hier: Klette. | 17 **il predellino** (dim.): Trittbrett (*la predella:* Podest). | 25 **lo schianto:** Krach, Knall. | **dimẹttere qu (dall'ospedale):** jdn. (aus dem Krankenhaus) entlassen.

mato Patrizia e mi ha invitata a cena da loro, ci vedevamo a intervalli variabili da quando ero tornata a scuola in città.

Proprio mentre indossavo il cappotto all'ingresso, la signora Bice ha girato la chiave nella toppa. Aveva fretta, era venuta solo per prendere qualcosa. Le ho chiesto di Sandra per gentilezza, ma neanche ho ascoltato la risposta, non me ne importava molto.

– Ho perso il numero di telefono di mia zia, lei potrebbe darmelo?

Sembrava un po' stupita, ricordando forse la mia reticenza ogni volta che nominava Adalgisa. Non avevo capito cosa sapesse di me, di certo che quella zia mi manteneva agli studi.

– Ne avevo uno, ma poi l'ha cambiato e si è dimenticata di trascrivermi quello nuovo. Mi dispiace.

– Ma come fate per … i soldi? – ho osato senza guardarla.

Si è trattenuta un attimo, forse si stava chiedendo se poteva dirlo o no. – Lei passa a regolare l'ultimo venerdì di ogni mese.

Di sicuro al mattino, quando io non ero in casa. Altrimenti ci saremmo incontrate.

– Da sola? – mi è sfuggito.

– Sì. Adesso devo sbrigarmi, Sandra mi aspetta –. Invece ha mosso due passi in direzione del bagno e si è fermata. Ero rimasta lì, con la mano sulla porta. – Sei tornata dalle vacanze in anticipo e con la faccia scura. Sono contenta che vai dalla tua amica, così ti svaghi un po'. Se vuoi restare a dormire ti do io il permesso.

1 f. **vedersi a intervalli variạbili:** sich in unregelmäßigen Abständen sehen. | 4 **la toppa:** Türschloss. | 15 **trascrịvere** (*trascritto*): aufschreiben. | 27 **svagarsi:** sich ablenken, auf andere Gedanken kommen.

31.

La fetta di panettone davanti a me, sul tavolo coperto dalla tovaglia a decori natalizi. Sull'orlo le renne in fila trainavano le slitte cariche di regali, ma la prima era rimasta decapitata dal taglio della stoffa e le altre sembravano seguirla verso la stessa fine.

– Neanche a te piacciono i canditi? – ha chiesto la mamma di Patrizia, visto che non mi decidevo.

Liberate chissà come dalle sue parole, mi sono sfuggite delle lacrime, sui canditi e sull'uvetta, sulla mollica dolce e giallina. A un cenno di Vanda, il marito se n'è andato in salotto e ha acceso il televisore. Immobile e tesa sulla sedia accanto alla mia, Pat guardava la madre. A parte qualche tentativo senza seguito di Nicola, la cena era stata insolitamente silenziosa. L'attrito delle posate contro i piatti, e niente più. Erano tristi per la morte del vecchio gatto di casa, loro.

– Non era malata. Era incinta, – e ho asciugato le guance con il tovagliolo rosso. – Avrei dovuto capirlo subito, prima di essere rispedita al paese.

– Allora non eri pronta –. Vanda si è mossa intorno al tavolo, verso di me.

2 **il panettone:** Panettone; traditionelle, weihnachtliche Kuchenspezialität aus Mailand, mit kandierten Früchten und Rosinen. | 3 **la renna:** Rentier. | **trainare:** ziehen, schleppen. | 4 **decapitato/a:** geköpft. | 7 **i canditi:** kandierte Früchte. | 10 **l'uvetta:** Rosine. | 13 **a parte qu/qc:** abgesehen von jdm./etwas. | 14 f. **insolitamente** (avv.): ungewöhnlich.

– Per quello mi ha mandato indietro. Ma io che c'entravo? L'avrei aiutata, con il piccolo.

– Lei che ti ha detto?

– L'ho saputo da mia sorella.

Vanda mi ha messo una mano sulla spalla, incredula, e io ho abbandonato la testa contro il suo fianco morbido di lana. Mi ha stretta leggermente. Ho chiuso gli occhi dalla stanchezza, avrei voluto che tacesse e restasse ferma, almeno per un po', soltanto qualche attimo di riposo per me, appoggiata a un corpo umano, perduta nel suo profumo, in una breve dimenticanza.

– Te l'ha dovuto raccontare una bambina, non è possibile. Ero convinta che Adalgisa ti avrebbe parlato, prima o poi, toccava a lei darti delle spiegazioni.

Sotto il mio orecchio vibrava profondo il suo sdegno. Mi sono raddrizzata, come per una scossa.

– Ma ora io so quando va a pagare il mese dalla signora, sempre di mattina, mentre sono a scuola. La prossima volta mi troverà.

Nicola ha chiamato Vanda, doveva rispondere a una telefonata urgente.

– Ci starò pure io con te, faccio un'assenza, – si è offerta Pat. Era rimasta muta tutto il tempo.

– No. Da sola.

– Comunque l'ho incontrata una volta, Adalgisa, con il pupo e il suo uomo di adesso, – ha ripreso Patrizia come se recuperasse la memoria all'improvviso. – Hai presente il

11 **la dimenticanza:** Vergessen. | 15 **vibrare:** beben, zittern. | **lo sdegno:** Empörung, Unwille. | 22 **fare un'assenza:** einen Fehltag einlegen, schwänzen. | 26 **il pupo** (fam.): Kind. | 27 **avere presente:** auf dem Schirm haben.

vedovo che frequentava la parrocchia un periodo, quel bel ragazzone muscoloso?

Non m'importava di lui, lo ricordavo appena. Si era sposato nella nostra chiesa e dopo la perdita della moglie veniva lì certi pomeriggi.

Ho litigato un po' con Pat – ma con una specie di assuefazione rassegnata, ormai – che si era tenuta tutto fino a quel momento, anche lei.

– E il bambino? – le ho chiesto dopo il silenzio che è seguito.

– Chi l'ha guardato? Ero troppo impegnata a studiarmi il padre, io. E poi dormiva.

Almeno aveva visto chi lo teneva in braccio? Quello sì, Adalgisa. Non era nemmeno un fratellastro per me, ho riflettuto. Sua madre non era la mia.

Patrizia voleva coinvolgermi nel pettegolezzo, ma l'argomento mi era troppo doloroso. Vanda ha colto la sua ultima battuta, rientrando nella stanza.

– Stai zitta, – le ha detto con un'occhiataccia.

Più tardi Pat mi ha pregato di accompagnarla a una festa, di lì a una settimana. Non avevo nessuna voglia e lei non se ne capacitava. Eravamo sedute di fronte a gambe incrociate, sul tappeto indiano della sua camera. Dal comodino la luce della lampada a vetri variopinti. Ha elencato i ragazzi di nostra conoscenza che di sicuro non sarebbero mancati e mi ha mostrato le sue prime scarpe con il tacco alto, che

6 f. **l'assuefazione** (f.): Gewöhnung. | 16 **coinvọlgere** (*coinvolto*) **qu in qc:** jdn. in etwas hineinziehen. | **il pettegolezzo:** Klatsch, Gerede. | 18 **la battuta:** Antwort, Bemerkung. | 21 f. **capacitarsi di qc:** etwas fassen. | 23 **il comodino** (dim.): Nachttisch. | 24 **variopinto/a:** bunt.

si era comprata in un negozio del centro. Avrei potuto mettere un paio di sua madre, insisteva, calzavamo lo stesso numero. Vanda è passata in quel momento per darci la buonanotte e Patrizia le ha chiesto di intervenire, ci provasse lei a convincermi. Ho ripetuto che non ero interessata alle feste.

– Tu non hai niente di cui vergognarti, quello che ti è capitato non l'hai scelto. Le responsabilità sono degli adulti –. Ha detto così, con l'indice teso verso l'alto come ammonimento.

– Be', grazie. Però non ci resisterei in mezzo a una folla di ragazzi che si divertono, non mi sento più uguale agli altri. Pensavo di essere una di loro, ma era tutto falso. Ormai so, il mio destino è diverso –. Parlavo solo con Vanda, quasi Patrizia non fosse lì davanti a me, sul tappeto.

– Il destino è una parola da vecchi, non puoi crederci a quattordici anni. E se ci credi, lo devi cambiare. È vero che non sei uguale agli altri, nessuno ha la tua forza. Dopo quello che è successo stai in piedi, pulita, ordinata, con la media dell'otto al primo trimestre. Noi ti ammiriamo, – ha detto guardando un attimo la figlia come in cerca di una conferma scontata.

– Non immagini quanta fatica mi costa rimanere pulita e ordinata, come dici tu, studiare.

Si è seduta sul letto con un sospiro. – Lo so, ma continua così, non lasciarti distrarre dai brutti pensieri.

Patrizia mi ha presa per i polsi, li ha stretti.

9 f. **l'ammonimento:** Warnung, Ermahnung. | 20 **il trimestre:** (Schul-) Trimester. | 22 **scontato/a:** selbstverständlich, fraglos. | 26 **distrarre** (*distraggo, distratto*): ablenken.

– Tu sei la mia amica, tra noi due è come prima.

– Tra noi due sì, – e mi sono inclinata in avanti fino a che le nostre teste si sono toccate con un rumore leggerissimo.

Giù nella strada una salva di botti in anticipo sull'Epifania.

4f. **Epifania:** Epiphanias; Fest der »Erscheinung des Herrn« am 6. Januar, Dreikönigsfest.

32.

Mi sono spogliata nella poca luce che saliva dai lampioni più vicini. Anche dal cielo sereno pendeva sopra la città un chiarore insolitamente asciutto. Sul balcone della signora Bice la sedia a sdraio era rimasta aperta dall'estate precedente, ho appoggiato allo schienale, man mano che li toglievo, i due pezzi del pigiama, le calze, la maglia intima ancora calda di me. Il riflesso pallido delle stelle sul seno. In camera avevo lasciato Sandra nei sogni, la gamba ingessata quasi una colonna sotto le coperte.

Il freddo mi ha presa, come volevo. Aveva solo bisogno di tempo. Rabbrividivo e tremavo, battevo i denti. Ero decisa a rimanere lì, nuda, per mezz'ora, avrei controllato sulla sveglia che mi ero portata dietro. L'ho tenuta un po' in mano osservando il movimento impercettibile della lancetta fosforescente dei minuti, poi l'ho posata a terra e mi sono seduta sulla sdraio. Avvertivo la contrazione dolorosa dei capezzoli, mentre le dita dei piedi, più lontane dal cuore, si addormentavano come morte. Con gli occhi alle cifre luminose e al segmento verdino che ruotava così lento, ho resistito ripassando quello che avrei detto il giorno dopo. Era la notte tra il giovedì e l'ultimo venerdì di gennaio, dovevo procurarmi una febbre per la mattina.

4 **il chiarore:** Helligkeit, Lichtschimmer. | 7 **la maglia ịntima:** Unterhemd. | 9 **ingessato/a:** eingegipst. | 12 **rabbrividire:** frösteln, schaudern. | 15 **impercettịbile** (agg.): unmerklich. | 15f. **la lancetta dei minuti:** Minutenzeiger. | 20 **il segmento:** Segment, Abschnitt. | 21 **ripassare:** noch einmal durchgehen.

Poco prima delle otto la sagoma della signora Bice che non mi aveva vista uscire dalla camera è apparsa dietro il vetro opaco della porta, ma io ero già malata. Lei ha sentito la tosse e ha cercato il termometro nel comodino della figlia. Ce l'avevo, più di trentotto.

– Allora resti a casa. Te la porto qui la colazione, – e ha mosso due passi, diretta in cucina. Si è fermata, colta da un pensiero improvviso. Mi ha guardato.

Sono rimasta a letto con un libro tra le mani, ma non riuscivo a procedere neanche di una pagina. Leggevo alcune righe e non lasciavano tracce, dovevo ricominciare sempre dallo stesso capoverso. Aspettavo il suono del campanello. La prima volta era solo il postino, con qualcosa da firmare. Alcuni tentativi di conversazione di Sandra, dopo che si è svegliata, sono caduti nel vuoto delle ore. Alle undici era Adalgisa. Mentre saliva le scale, la signora Bice ha messo un momento la testa dentro la camera, con l'aria interrogativa.

– Devo parlarci, – le ho detto.

– Va bene, appena sistemàti i nostri conti ti chiamo, – e ha chiuso.

I passi in arrivo e poi nell'ingresso, attutiti, lo scatto della serratura alle spalle della donna che mi aveva allevato. Le voci che si salutavano, Adalgisa ancora ignara di me tesa all'ascolto. Sono entrate in cucina, forse per il caffè. Dopo alcuni minuti un rumore di sedie mosse, ho temuto che mi sfuggisse, di nuovo. Non ho aspettato di essere chiamata.

Il suo sguardo quando mi ha vista è uno dei ricordi più vivi che conservo di lei e il più dannoso, probabilmente.

10 **la pagina:** Seite. | 12 **il capoverso:** Abschnitt. | 24 **l'ascolto:** Zuhören. | 28 **dannoso/a:** schädlich.

Aveva gli occhi di chi era presa in trappola e non trovava scampo, quasi fosse riemerso un fantasma a perseguitarla da un tempo sepolto. Ero io, poco più di una bambina, e i bambini non fanno paura.

È rimasta seduta, un po' sbilanciata da una parte dopo un leggero scarto del busto. Il largo neo disteso sul mento appariva più scuro, forse per effetto del pallore intorno. Aveva rasato i peli che ci crescevano sopra, spuntavano appena dalla superficie. Sul marrone del legno spiccavano, accanto alla zuccheriera, i soldi che ogni mese pagava per me.

– E tu non sei a scuola? – ha articolato a fatica muovendo le labbra dipinte con un rosso più vivace del solito.

Non ho risposto. Bruciavo e mi reggevo in piedi, ma con l'aiuto della parete.

– Ha la febbre, – è intervenuta la signora Bice. – Vuole parlarle, venite in sala da pranzo, lì non vi disturberà nessuno.

Ci ha accompagnate, Adalgisa mi precedeva e sembrava non proprio sicura sui tacchi delle scarpe scamosciate. Il suo fisico si era addolcito di rotondità ancora più femminili, lo vedevo muoversi nel corridoio in una sorta di foschia lattiginosa. Nella stanza che non veniva quasi mai usata ci siamo accomodate al tavolo rettangolare, come ha voluto la signora. Poi lei è uscita e siamo rimaste sole con il silenzio, una di fronte all'altra. Il vestito di lana verde era teso dalla pressione dei seni diventati più abbondanti.

2 **perseguitare:** verfolgen. | 3 **sepolto/a** (*sepellire*): begraben. | 7 **il pallore:** Blässe. | 8 **rasare:** abrasieren. | 9 **spiccare:** herausstechen; hier: sichtbar sein. | 10 **la zuccheriera:** Zuckerdose. | 11 **articolare:** aussprechen. | 18 **scamosciato/a:** wildledern. | 19 **la rotondità** (invar.): Rundlichkeit. | 20 **la foschia:** Dunst. | 20 f. **lattiginoso/a:** milchig. | 25 **la pressione:** Druck; hier: Gewicht.

La guardavo senza fretta, ormai, mi sentivo forte del torto subito. E furibonda, ma anche calma, dopo tutto quel tempo. L'aspettavo da un anno e mezzo, toccava a lei cominciare.

Ha portato le mani dal grembo al ripiano. Le dita tutte nude, non aveva più la fede. Mi è venuto in mente il suo bambino, chissà chi lo teneva a quell'ora, mezzogiorno si avvicinava e lei non era sulla strada di casa. Un sospiro ha sollevato la presentosa che le pendeva sul petto, strappandole un bagliore.

– Io ti ho voluto bene e te ne voglio pure adesso, – ha esordito.

– Non m'importa più niente del tuo bene, s'è visto quanto me ne volevi. Dimmi perché mi hai mandata via.

– Non è stato facile. Non so che idea ti sei fatta ... – e ha seguito con l'indice il bordo intagliato del legno.

– Che idea dovevo farmi? Tu hai raccontato solo la bugia della famiglia che mi rivoleva indietro, al paese sapevano e non parlavano. Ti avevo lasciata a letto con il vomito, ho pensato che avessi una malattia grave. *Io* mi sono preoccupata per *te*. Telefonavo e nessuno rispondeva, sono andata a casa nostra due volte ed era chiusa. Ho creduto che fossi in un ospedale lontano, che potessi morire. E ti ho aspettata per mesi, sperando che saresti guarita e mi avresti ripresa.

Si è tamponata delle lacrime con un fazzoletto che ha preso dalla borsa appesa allo schienale della sedia vicina.

– Non è stato facile, – ha ripetuto scuotendo la testa.

2 **subire** (*subito*): erleiden. | 6 **la fede:** Ehering. | 9 **la presentosa** (dial.): Brosche, Schmuckanhänger. | 10 **il bagliore:** Schimmer. | 12 **esordire:** anfangen. | 15 **farsi un'idea (di qc):** sich eine Vorstellung (von etwas) machen. | 25 **tamponarsi qc:** hier: sich etwas abtupfen.

– Potevate dirmi semplicemente la verità, – e mi sono sporta verso di lei sopra il tavolo.

– Eri troppo piccola per la verità, volevo aspettare che crescessi un po' –. Anche lei, come l'altra.

La tosse, che non aveva osato interrompermi prima, mi ha attaccata e ci ha concesso una pausa.

– Non hai sempre predicato che il matrimonio è un sacramento indissolubile?

– Il bambino doveva avere suo padre accanto, – si è giustificata. – Comprendo la tua rabbia, ma non ero sola nelle decisioni.

– Ma io ci sarei venuta con voi, pur di restarti vicina.

Cercavo di controllare la voce e trattenere il pianto. All'improvviso avvertivo tutti i gradi della temperatura interna, e una spossatezza senza rimedio.

– Ho cercato di sistemarti nel miglior modo possibile. Non volevo allontanarti da me, ma è andata così.

– E tuo marito non ha detto niente? Non poteva tenermi con sé?

– Era un momento difficile per lui. Non se l'è sentita.

Ha riportato le mani in grembo, la testa bassa. Io mi sono abbandonata contro lo schienale della sedia e ho fissato le gocce del lampadario, con le loro mille sfaccettature. Mi sembrava che tremassero, come per un terremoto, ma era solo la mia febbre.

– Non mi hai cercata una volta, anzi, mi evitavi apposta.

– Aspettavo il momento giusto, te l'ho detto. Ti ho aiutata da lontano.

8 **indissolubile** (agg.): unauflöslich. | 15 **la spossatezza:** Mattigkeit, Abgeschlagenheit. | 23 **la sfaccettatura:** Facette.

Quello che avevo immaginato di gridarle contro, non lo ricordavo più o mi usciva dalla bocca senza energia, come se contasse così poco, ormai. In fondo che cosa potevo farle? Anche il bottone del pigiama che tormentavo da alcuni minuti è schizzato verso di lei senza colpirla.

Abbiamo taciuto per un po'. Le sue labbra, una doppia linea sottile di rossetto. Dopo ha alzato leggermente un dito.

– Mi tenevo informata, lo sai. Non credere che non mi senta responsabile nei tuoi confronti.

– Lascia stare, – e mi sono girata di lato, verso la stampa di Firenze antica sul muro. Dalla cucina l'odore del ragù che la signora Bice stava preparando. Poi il rumore delle chiavi e la porta d'ingresso che si apriva e richiudeva, il signor Giorgio era rientrato per il pranzo.

– Sei contenta adesso? – mi è sfuggito, tra l'accusa e una specie di curiosità.

Non ha risposto, ma dopo qualche attimo si è illuminata e ha estratto il portafogli dalla borsa. Con delicatezza ha tirato fuori una fotografia, le ha sorriso e l'ha messa sul tavolo spingendola compiaciuta verso di me. Ho disubbidito all'impulso di strappargliela sotto il naso, mi sono sentita superiore a quel gesto. Senza degnarlo di un'occhiata ho voltato il bambino al contrario e l'ho respinto verso la madre, fino al bordo del legno. Lei se lo è ripreso appena prima che cadesse.

5 **schizzare verso qu:** jdm. entgegenspringen. | 9 **nei confronti di qu:** gegenüber, in Bezug auf jdn. | 10 **la stampa:** Druckgrafik. | 11 **il ragù** (invar.): Fleischsoße. | 17 **illuminarsi:** hier: strahlen. | 18 **la delicatezza:** Feinfühligkeit. | 21 **l'impulso:** Impuls, Antrieb. | 22 **non degnare qu/qc di un'occhiata:** jdn./etwas keines Blickes würdigen.

Il tintinnio delle posate di là, la signora Bice stava apparecchiando. Adalgisa si è scossa, ha guardato con un sussulto il piccolo orologio d'oro che le avevo sempre visto al polso. Si è alzata, io sono rimasta immobile. Non ne sapevo molto più di prima.

– Un momento, per favore, ho bisogno di aiuto per mia sorella Adriana. Lei non può rimanere lì al paese ancora a lungo.

– Che classe fa? – ha chiesto cercando di dissimulare l'impazienza.

– La prima media.

– Ne parliamo la prossima volta, stai tranquilla. Ricordati che io ci sono. E mi raccomando, a scuola continua così.

Ha scritto svelta il nuovo numero di telefono su un foglio di carta.

– Se hai bisogno, chiama.

È rimasta un po' incerta, allora non capivo perché, con la fretta che aveva. Forse si domandava se era il caso di avvicinarmi e quanto, per i saluti. Il mio atteggiamento deve averla scoraggiata, si è tenuta al di là del tavolo. Mi sono alzata anch'io – le gambe troppo deboli – e ho raggiunto la finestra, come se lei già non ci fosse più. Guardavo fuori, la strada e i balconi di fronte sfioriti dall'inverno, l'autobus urbano che riportava a casa i ragazzi.

9 **dissimulare:** verbergen, vortäuschen. | 20 **al di là di qc:** jenseits von etwas. | 23 **sfiorito/a:** verblüht. | 24 **urbano/a:** städtisch.

33.

A partire da quel venerdì di gennaio Adalgisa ha cominciato a sorprendermi. Immaginavo che non l'avrei più vista per chissà quanto tempo, forse per sempre. Avrebbe speso denaro per me dalla solita distanza. Invece ha telefonato dopo due giorni. La signora Bice ha risposto: – È qui, – guardandomi con intenzione. Ho indicato il bagno con un cenno di urgenza e mi sono chiusa dentro. Seduta sul bordo della vasca sentivo che parlavano di me – lo studio, i pasti, i soliti argomenti. Ha richiamato più tardi e non sono riuscita a sottrarmi.

– Pensavo di rinnovarti l'iscrizione in piscina, potremmo andarci insieme uno di questi pomeriggi.

– Non mi interessa, – ho detto senza esitare.

– La scuola di danza, allora.

– Nemmeno quella.

Mi piaceva tanto, ha provato a insistere, e poi avrei ritrovato le amiche.

– Ormai si saranno dimenticate di me. E adesso scusa, è pronta la cena.

Non volevo da lei più del necessario. Ma il no alla danza mi è pesato la notte come un cibo indigesto. Mi piaceva davvero.

L'ho trovata all'uscita dalle lezioni, in un giorno di pioggia che era iniziato sereno. Nella calca dei genitori venuti in

7 **con intenzione:** hier: provokativ, auffordernd. | 12 **l'iscrizione** (f.): Anmeldung. | 22 **indigesto/a:** unverdaulich.

soccorso dei figli, lei mi aspettava con un grande ombrello da uomo. Mi sono ritratta, ma sono stata subito sospinta dai ragazzi che sciamavano via. Era lì proprio per me, già salutava e non potevo evitarla.

– Ero sicura che non avevi da ripararti. C'era il sole stamattina.

Mi ha offerto il braccio e l'ho ignorato, le camminavo accanto sperando che nessuno dei miei compagni ci notasse. Non avrei saputo dire chi era.

Provavo nello stesso momento una specie di sollievo, una tentazione di sentirmi uguale agli altri, per una volta. Qualcuno era venuto a prendere anche me, sotto il temporale d'inverno.

Lei parlava della macchina parcheggiata un po' troppo lontano, si erano mossi tutti insieme con quel tempaccio. Sopra di noi l'acqua a dirotto. Eccola, lavata dalla pioggia, la sua utilitaria blu. Mi ha coperta mentre entravo nell'abitacolo e ha fatto il giro per sedersi al posto di guida. Ancora persisteva un odore un po' aspro, lì dentro, da quando si era rovesciata una bottiglia di aceto, anni prima. Ma più forte ero investita dal suo profumo, appena girava la testa. Al mattino inumidiva l'incavo dietro l'orecchio e i polsi, conoscevo a memoria quei gesti allo specchio.

Sul cruscotto spiccava lucente un magnete di san Gabriele con una piccola fotografia a colori del bambino e la scritta NON CORRERE, PENSA A ME. A fianco quello vecchio con

3 **sciamare:** ausschwärmen. | 15 **il tempaccio** (spreg.): schlechtes Wetter. | 16 **a dirotto:** heftig. | 17 **l'utilitaria:** Kleinwagen. | 19 **persistere:** bestehen bleiben. | 22 **inumidire:** befeuchten; hier: benetzen. | 24 f. **san Gabriele:** hl. Gabriel; Erzengel und u. a. Schutzpatron der ungeborenen Kinder.

la mia faccia sbiadita in bianco e nero. Ho guardato le gocce che colavano sul vetro appannato e sono rimasta zitta fino all'arrivo.

– Qui c'è la carne alla pizzaiola che ho preparato oggi, te la puoi scaldare, – ha detto sul portone consegnandomi un pentolino avvolto in un tovagliolo.

Mi sono fermata qualche minuto per le scale. Cosa stava succedendo? Cos'era quella imprevista disponibilità di Adalgisa? Mi spaventava, mi confondeva. Ormai ci avevo rinunciato, la fiducia era perduta. Ma di colpo si mostrava così gentile, dopo l'incontro a cui l'avevo costretta. Avvertivo il pericolo di abbandonarmi di nuovo a lei. E il desiderio indicibile.

Per alcune settimane non ne ho saputo più niente. Pareva scomparsa un'altra volta. Lavato e asciugato, il pentolino che aveva contenuto la carne l'attendeva su una mensola nella cucina della signora Bice. L'avevo allontanata io con i miei modi scontrosi? No, era solo l'inizio delle sue intermittenze. Nel tempo mi sono abituata a quel suo esserci e sparire ogni tanto, per periodi più o meno brevi. Si divideva tra me e la nuova famiglia. Io la aspettavo, senza confessarmelo. Mi atteggiavo un po' a offesa ai suoi ritorni. Sempre così, fino a quando è durato il bisogno di lei.

2 **apannato/a:** beschlagen. | 4 **la carne alla pizzaiola:** einfaches, schnell zubereitetes italienisches Gericht, bei dem Fleisch in einer mit Knoblauch und Oregano gewürzten Tomatensoße gegart wird. | 6 **il pentolino** (dim.): *la pẹntola.* | 8 **imprevisto/a:** ungeahnt, unvermutet. | **la disponibilità:** Zugänglichkeit. | 12 **abbandonarsi a qu/qc:** sich jdm./etwas ergeben. | 13 **indicịbile** (agg.): unsagbar. | 18 f. **l'intermittenza:** Unstetigkeit. | 22 **atteggiarsi a offeso/a:** den Beleidigten / die Beleidigte spielen.

Non m'importava delle sue visite, ne ero convinta, ma sussultavo al suono del campanello.

Si è ripresentata con un maglione del mio colore preferito, gliel'ho tolto di mano con un movimento troppo brusco.

– L'ho preso rosso. È giusta la taglia?

Ho alzato le spalle e sono andata a riporlo senza neanche provarlo, lei mi ha seguita in camera. Si è guardata intorno.

– State un po' strette qui, – ha detto pensosa. Ha raccontato del trasloco, per quello era sparita. – Scusa se non mi hai vista, avevo mille cose per la testa –. Era tornata nella casa sul mare.

– È tutta da mettere a posto. Con Guido sempre fuori per lavoro e un bambino piccolo, ci vorranno mesi.

Non l'avevo mai sentita pronunciare chi ci aveva cambiato le vite. Ha sorriso al nome del figlio: Francesco, come uno dei santi che pregava. L'ascoltavo attenta, anche se girata di tre quarti per non darglielo a vedere.

– Il tuo letto è ancora lì, – ha mormorato più a se stessa, toccando la coperta abruzzese che mi scaldava di notte.

Nella borsa aveva altro per me: calzettoni, un bracciale d'argento, un burrocacao per le labbra perennemente screpolate. Accettavo senza imbarazzo, senza ringraziarla. Mentre li posava sul comodino decidevo cosa portare a mia sorella.

– Domenica vieni a pranzo da noi? – ha chiesto all'improvviso.

21 **la coperta abruzzese:** mit typischem Muster gewebter Bettüberwurf aus den Abruzzen. | 22 **il calzettone:** Kniestrumpf. | 23 **il burrocacạo** (invar.): Lippenpflegestift. | **perennemente** (avv.): ewig.

– A fine settimana torno al paese, – ho risposto dopo una pausa, senza guardarla.

– Magari la prossima, – si è ripromessa.

Ne sono passate di domeniche.

Alle vacanze di Pasqua ho raccontato a mia madre dell'invito, in uno di quei momenti di confidenza che capitavano quando restavamo sole in cucina. L'aiutavo a sbucciare le uova sode che il parroco avrebbe benedetto.

– Accetta, ricordati che Adalgisa t'ha allevata.

Non è stato l'unico tentativo di conciliazione da parte sua, negli anni. Lei provava nei confronti della cugina una specie di gratitudine senza trasporto, per avermi cresciuta così diversa dagli altri suoi figli.

– Se non era per essa, invece di studia' mo stavi in campagna a fa' la bracciante. Tu non l'hai conosciuta la miseria, la miseria è più della fame, – mi ha detto un giorno, come ammonimento. E poi: – Ha sbagliato, ma non puoi tene' il muso tutta la vita.

Adalgisa non ne parlava più, ma lo sentivo che il pranzo era un suo pensiero fisso. Continuavamo a vederci dalla signora Bice, tranne una volta che mi ha convinta ad accompagnarla ai Grandi Magazzini. Era in vena di spese, ha comprato per me, per il bambino. Mentre ci aggiravamo da un reparto all'altro potevamo sembrare una madre e una figlia, di nuovo.

10 **la conciliazione:** Versöhnung. | 12 **il trasporto** (fig.): Begeisterung, Überschwang. | 15 **il/la bracciante:** Hilfsarbeiter(in), Tagelöhner(in). | **la miseria:** Not, Elend. | 17 f. **tenere il muso:** schmollen. | 22 **essere in vena di fare qc** (fam.): Lust haben, etwas zu tun. | 23 **aggirarsi:** hier: herumschlendern.

Ha ritentato all'inizio di maggio. È salita entusiasta e accaldata, con una strana irrequietezza addosso.

– Guido ti vuole proprio conoscere, adesso, – ha detto congiungendo più volte le mani, come in una sorta di applauso lento e silenzioso. – Non rispondermi subito di no, ti telefono venerdì.

La signora Bice ci guardava con un sorriso incoraggiante. Il venerdì mi ha passato la chiamata, ma prima ha coperto un momento la cornetta.

– Vai, ci tiene tanto.

Così mi sono sorpresa a vestirmi con cura, la domenica mattina, a ingrandire gli occhi con la matita nera e il mascara di Sandra, esagerando forse un po'. Adalgisa ha telefonato presto, impaziente di venire a prendermi. Le ho detto che preferivo a piedi, con quel sole.

Non ero soddisfatta, mi sono cambiata all'ultimo momento. Ho aggiunto colore agli zigomi pallidi. Nemmeno lo capivo per chi mi stavo preparando. Sono arrivata in ritardo al capolinea dei pullman, Adriana era già scesa e mi aspettava con la faccia torva.

– Ti sei ammattita a lasciarmi da sola in mezzo alla città? Mi chiami alla cabina di Ernesto, mi fai alza' presto e poi non ti presenti?

Le avevo chiesto di accompagnarmi, non volevo andarci da sola. Mi sono pentita per un attimo. Indossava vestiti striminziti, scarpe sporche. I soliti capelli unti, eppure era

1 **ritentare:** erneut versuchen. | 2 **accaldato/a:** erhitzt, aufgeregt. | 4 **congiụngere** (*congiunto*): verbinden, zusammenfügen. | 7 **incoraggiante** (agg.): ermutigend. | 12 **ingrandire:** vergrößern. | 12 f. **il mascara** (invar.): Wimperntusche. | 19 **il capolịnea:** Endhaltestelle. | 20 **torvo/a:** finster. | 26 **striminzito/a:** kümmerlich, ärmlich.

domenica, il giorno del bagno. Ha intercettato il mio sguardo.

– Se me li lavavo perdevo il postale.

– L'autobus, Adriana, devi dire che sei venuta con l'autobus e che non mi avevi avvertita –. L'ho abbracciata.

Abbiamo sputato a turno su un fazzoletto e pulito i vecchi mocassini ridendo un po'. Ci siamo avviate chiacchierando a passo svelto, avevo tante raccomandazioni per lei.

– Parla in italiano, per piacere. A parte il pane non prendere il cibo con le mani, usa le posate. Se non sai come, guarda me. E mastica a bocca chiusa, senza sbattere la lingua.

– Oddio, quanto mi sposti i nervi. Pare che andiamo dalla regina dell'Inghilterra. Mo tutt'insieme te lo sei scordata quello che t'ha fatto?

– Non t'impicciare. Comportati bene se vuoi che Adalgisa ti aiuti a venire in città.

Avevamo ancora molta strada, ma alle fermate del trasporto urbano Adriana si ostinava a voler proseguire a piedi.

Siamo arrivate in ritardo. Ho suonato al cancello del giardino, il trillo era nuovo, più melodioso. Avevano sostituito anche la recinzione, non si vedeva niente dall'esterno. Un ultimo sguardo al viso sudato di Adriana, le ho sistemato i

1 f. **intercettare uno sguardo:** einen Blick abfangen. | 3 **il postale:** Postauto. | 10 **per piacere:** bitte. | 12 f. **sbạttere la lingua:** mit der Zunge schnalzen. | 14 **spostare i nervi:** auf die Nerven gehen, aufregen. | 17 **impicciarsi:** sich einmischen. | 20 **ostinarsi a/in/su qc:** auf etwas beharren. | 23 **il trillo:** Klingelton. | **melodioso/a:** melodiös, klangvoll.

capelli dietro le orecchie, forse così si notava meno che erano grassi.

– Mi raccomando, – le ho ripetuto.

Lo scatto della serratura, e siamo entrate. Di sfuggita l'erba tagliata di fresco, aiuole di fiori diversi, disposte secondo un ordine geometrico. Un alberello piantato da poco, la terra ancora smossa. La mia bocca secca e il tumulto nel petto. L'uomo sul portone, in camicia bianca.

– Aspettavamo una signorina e ne sono venute due, – ha detto sorridendoci affabile. Ci ha stretto la mano come tra adulti, con un gesto vigoroso e piacevole.

– Buongiorno. Mia sorella mi ha fatto una sorpresa, – mi sono giustificata.

– Bene, accomodatevi. Aggiungeremo un posto.

In sala da pranzo siamo rimaste ferme e vicine, intimidite. Nella casa, in apparenza identica a prima, qualcosa di indefinibile sembrava irrimediabilmente cambiato.

– Adalgisa arriva tra un momento, è con il bambino. Lui mangia alle dodici in punto e a quest'ora deve dormire. Intanto potete lavarvi le mani, il bagno è lì.

– Lo so, grazie.

Stringendo le gambe Adriana si è precipitata sulla porta, l'ha aperta rumorosamente. Le scappava già da un po' e io l'avevo dimenticato. Mentre chiudevo mi sono accorta dello sguardo che ci aveva seguite.

– C'ho qualche goccia sulle mutande, speriamo che non si sente la puzza.

4 **di sfuggita:** flüchtig. | 7 **smosso/a** (*smuọvere*): aufgelockert. | 10 **affạbile** (agg.): liebenswürdig. | 17 **indefinịbile** (agg.): unklar, undefinierbar. | **irrimediabilmente** (avv.): unrettbar, irreparabel. | 23 **scappare** (fam.): mal müssen (*mi scappa:* ich muss mal).

Ho rassicurato lei, non me. È rimasta incantata davanti alla mensola con i trucchi, ma l'ho costretta a uscire. Senza orologio avevo perso il senso del tempo, mi sembrava molto tardi per il pranzo.

Non si vedeva nessuno nella sala. Le due voci in cucina, invece, e l'odore del pesce come lo preparava Adalgisa. Dalla vita precedente l'impulso a entrarci, curiosare sui fornelli, assaggiare qualcosa. Un passo e mi sono fermata, confusa. La casa non mi apparteneva più. Ero un'ospite.

La camera volevo rivederla, però, anche solo un attimo.

– Adriana, ti mostro dove dormivo, è questa qui a fianco.

Il mio letto ancora lì, era vero. Ma scomparsi i miei libri, i peluche, le Barbie con cui avevo giocato fino alla prima media. Tutti gli scaffali erano occupati da navi in bottiglia di ogni grandezza, alcune molto piccole, le vele come francobolli. Una in costruzione era poggiata sulla scrivania, già sotto vetro, ma con gli alberi ripiegati sul ponte e certi fili lunghi fino al ripiano di legno. Intorno gli attrezzi: pinzette, un astuccio di sgorbie, altri minuscoli strumenti che servivano a chissà cosa.

Non c'era più niente di me, lì dentro.

– Ti piace?

Ho sussultato, ma la domanda era per Adriana. L'avevo persa di vista, teneva una bottiglia tra quelle mani troppo curiose.

– È stata una delle più difficili da montare, – ha detto lui avvicinandosi a spiegarle il mistero.

2 **il trucco:** Schminke. | 18 **l'ạlbero:** hier: Mast. | 20 **l'astuccio:** Futteral, Etui. | **la sgorbia:** Meißel. | 28 **il mistero:** Geheimnis.

– Sei bravo, t'è uscita proprio bella, – si è complimentata.

– Devi dargli del lei, – ho bisbigliato non abbastanza piano.

– Ma no, lasciala stare, è così spontanea.

È arrivata Adalgisa, finalmente.

Era vestita di azzurro, con un grembiule da cucina legato sopra. Nessuno stupore per Adriana, l'ha accolta con simpatia, le ha chiesto dei nostri genitori. A me ha preso una mano, un po' umida di emozione la sua.

– Guido, ti ho parlato tante volte di lei e ora eccola qua con noi. Vi siete già presentati, vero?

– Certo. Avevi ragione, è proprio una ragazza in gamba.

Allora lei mi ha stretto più forte e le è scappato un grazie al posto mio, seguito da un piccolo movimento, quasi un saltino infantile di gioia.

Ci ha accompagnati a tavola e ha aggiunto il coperto per Adriana. Quando ha visto allineare le posate da dolce davanti al piatto dal bordo dorato, mia sorella è sbottata.

– Che ci faccio con tutte queste? A me mi basta una forchetta e un cortello, un cucchiaio se la minestra è brodosa.

Le ho pestato un piede di nascosto, mi ero messa accanto per controllarla. Lui ci sedeva di fronte, l'ha guardata divertito.

– Non preoccuparti, usa quelle che vuoi. Ma vedrai che le più piccole ti serviranno per qualcosa di buono, dopo.

Poi le ha chiesto se le piaceva la scuola e Adriana ha risposto così così.

1 **uscire:** hier: gelingen. | 15 **il saltino** (dim.): *il salto.* | 20 f. **brodoso/a:** dünnflüssig. | 22 **pestare:** treten, stoßen. | 28 **così così** (fam.): geht so, so lala, einigermaßen.

– Di te già so quanto sei brava, Adalgisa lo racconta sempre, – mi ha detto quasi a scusarsi del suo interesse per mia sorella.

Hanno parlato del paese, dove andava da bambino in visita a certi parenti. Ricordava i pranzi infiniti, le salsicce squisite. In cambio lei gli ha descritto le lonze di Mezzosigaro, che resuscitavano i morti. Si sentiva davvero a suo agio con lui, le mie raccomandazioni dimenticate. Tremavo ogni volta che apriva la bocca. Adalgisa andava e veniva dalla cucina, contenta.

Antipasto di mare. Ha osservato il primo assaggio del suo compagno per sapere com'era venuto. Lui ha approvato con un cenno della testa. Adriana esaminava uno scampo senza guscio, girandolo sulla forchetta.

– Qualcosa non va? – le ha chiesto Guido.

– Sembra un verme, – e poi l'ha gustato allegramente.

Si sono messi a scherzare sui popoli che mangiano insetti e larve. Io avevo caldo, e poca fame. Ormai rinunciavo a pestare il piede di Adriana a ogni uscita inopportuna. Lei era se stessa.

Adalgisa ha servito gli spaghetti alle vongole, centrando con uno schizzo d'olio la camicia di Guido.

– Mi dispiace, tesoro, vado subito a prendere il borotalco.

Gliel'ha applicato sulla macchia con mani devote, lui ha inclinato il busto all'indietro, a facilitarla. Una carezza len-

6 **squisito/a:** erlesen, köstlich. | **la lonza:** Lendenstück. | 7 **resuscitare:** wieder zum Leben erwecken. | 7f. **sentirsi a suo agio:** sich wohlfühlen. | 13 **lo scampo:** Garnele. | 19 **inopportuno/a:** unangemessen. | 21 **centrare:** treffen. | 23f. **il borotalco:** Talkumpuder. | 26 **la carezza:** Liebkosung.

ta, di traverso sul petto, prima di lasciarlo e tornare alla sedia. Non l'avevo mai vista così, con suo marito.

– Non ci sono granelli di sabbia stavolta? – ha chiesto poi in leggera apprensione.

– Sono speciali, – ha biascicato Adriana masticando, ma la domanda non era per noi.

– La sabbia mi pare di no, finora. Solo un po' salati, ma non fa nulla. Le vongole dovevano rimanere più tempo in ammollo.

Improvvisa, di là, una piccola voce ha chiamato mamma.

– Si è svegliato in anticipo. Adesso lo vedrete, – ha detto Adalgisa alzandosi.

– No, cara, stai lì e mangia. Francesco deve rispettare gli orari.

– Ma comincia a piangere, – ha protestato lei, debolmente.

– Ci siamo dati delle regole, d'accordo con il pediatra. Non importa se piange, tra poco si riaddormenterà –. Le ha indicato il piatto e: – Coraggio, ti si raffreddano.

È tornata seduta, ma sul bordo, la schiena rigida. Ha arrotolato gli spaghetti con la forchetta e li ha lasciati lì, tenendo il manico con le dita inerti. Il lamento del bambino si alternava a pause in cui il viso di Adalgisa si rasserenava. Allora l'avrebbe quasi sollevata quella forchetta, come Guido le aveva chiesto. Ma la lagna riprendeva, via via più forte.

Lui ha bevuto un sorso di vino bianco dal bicchiere di cristallo, si è tamponato le labbra asciutte con il tovagliolo.

– Non insistere con quella. Se è rimasta chiusa va scarta-

5 **biascicare:** murmeln, nuscheln. | 8f. **rimanere in ammollo:** eingeweicht bleiben. | 23 **rasserenarsi:** sich aufheitern.

ta –. Nel tono neutro restava appena una traccia della gentilezza scherzosa di prima.

Mi sono girata verso Adriana. Forzava una vongola con la punta del coltello.

– Non la volevo sprecare, – ha detto posandola sul fondo del piatto ripulito.

Il suono del guscio contro la ceramica è stato coperto dalla voce ormai alta del bambino. Il padre tamburellava con la destra sul tavolo. A un certo punto si è alzato e l'abbiamo seguito tutte e tre con gli occhi, sicure che sarebbe andato nella stanza del figlio. Invece è entrato in cucina, Adalgisa si era dimenticata il secondo: spigole al forno con patate. Lei ha ritirato le mani in grembo, priva di forze.

– Ma vai a prenderlo, no? – l'ha incitata Adriana, approfittando di quella breve assenza.

Non ha risposto, forse non ha neppure sentito. Lui è tornato con la teglia e l'ha poggiata direttamente sulla tovaglia di Fiandra. Ha eliminato la pelle e le lische, ha servito nei nostri piatti generose porzioni di pesce bianco. Poi il contorno. Ci ha detto mangiate, cercando d'inventarsi un sorriso. Le urla vibravano nell'aria.

– Forse sta male, – ha tentato Adalgisa, supplichevole.

– Tra cinque minuti dorme. Sono capricci.

Ancora una volta è andato in cucina ed è tornato con il cestino del pane. Le ha sostituito gli spaghetti ormai freddi con il secondo e lei si è un po' girata, nemmeno voleva vederlo il piatto. Due solchi profondi ai lati della bocca la invecchiavano improvvisamente.

12 **la spigola:** Wolfsbarsch. | 13 **privo/a di forze:** kraftlos. | 18 **la Fiandra:** Flandern. | 22 **supplichevole** (agg.): flehentlich.

Adriana ha assaggiato appena, nessun altro toccava cibo. Solo il silenzio, opposto a quegli strepiti di là, a pochi metri. Sono diminuiti e cessati da un momento all'altro, Guido ha annuito compiaciuto. Poi di nuovo, di più.

Allora non mi spiegavo come Adalgisa potesse resistere a quelle grida, soffrivo per lei. Ma era il suo compagno a tenerla ferma con lo sguardo.

Si è alzata Adriana e forse non se ne sono neppure accorti. Non ho avuto dubbi che le servisse il bagno. Ero come paralizzata al mio posto, gli strilli occupavano la casa e le menti. Forse erano solo minuti, ma il tempo di quel pianto che aveva cambiato la giornata sembrava interminabile. Adalgisa sulla sua sedia, abbandonata contro lo schienale, l'attenzione al lampadario spento. La sbavatura del trucco su un occhio. Lui seguiva con il polpastrello l'orlo d'oro del piatto. Poi l'ho visto trasalire per qualcosa alle mie spalle. Mi sono voltata.

Adriana teneva il bambino in braccio, già si stava calmando. Lo cullava con movimenti leggeri, il viso ancora rosso e sconvolto, ciocche di capelli appiccicate alla fronte dal sudore.

– Come ti sei permessa tu di toccare mio figlio? – ha detto il padre alzandosi di colpo. La sedia si è rovesciata dietro di lui. Ansimava, una vena in rilievo gli pulsava sul collo.

Adriana non lo ha neppure considerato. Ha restituito con delicatezza il bimbo a sua madre.

– Gli si era incastrata la mano tra le sbarre del letto, – e ha

2 **lo strẹpito:** Lärm. | 3 **cessare:** aufhören. | 14 **la sbavatura:** verwischte Spur. | 19 **cullare:** wiegen. | 20 **sconvolto/a** (*sconvọlgere*): verstört.

indicato i segni rossi sul piccolo polso, il gonfiore già visibile della pelle. Gli ha ravviato i capelli all'indietro e gli ha asciugato le lacrime con un tovagliolo, prima di tornare a sedersi accanto a me. Adalgisa baciava una per una le piccole dita doloranti.

Con il palmo ho sentito la gamba dura e tesa di mia sorella. Era stata così forte, ma tremava tutta.

Guido ha raccolto la sedia e ci si è lasciato cadere sopra, le braccia appese verso il pavimento. Non gli restava più niente di chi aveva alzato la voce contro una ragazzina, puntandole addosso un dito minaccioso. Guardava senza intenzione i suoi due calici, dell'acqua e del vino. Non so quanto a lungo è rimasto così, ma è l'immagine che conservo di lui in quel giorno.

Nessuno parlava. Solo un singhiozzo ogni tanto, nel sonno ripreso del bambino. Mi è bastato sfiorare una spalla di Adriana, ci siamo intese.

– Grazie per il pranzo, tutto squisito, davvero. Ma adesso è meglio che andiamo, tra un'ora mia sorella ha l'autobus per il paese, – ho detto difilato.

Adalgisa ci ha guardate con occhi impotenti, accorati. Con un movimento quasi impercettibile faceva di no con la testa. Non era così che aveva immaginato quella domenica.

Mi sono avvicinata a salutarla e ho annusato l'odore di pane caldo che emanava suo figlio. A tratti sussultava nel più profondo dormire. Ho ubbidito all'impulso di toccarlo sopra la maglia di cotone ai ferri. Forse era una delle mie, così morbida. Adalgisa le aveva conservate in una scatola

1 **il gonfiore:** Schwellung. | 2 **ravviare:** entwirren, richten. | 5 **dolorante** (agg.): schmerzend. | 12 **il cạlice:** Trinkbecher, -glas. | 20 **difilato** (avv.): geradewegs. | 27 **ai ferri:** gestrickt.

sul ripiano più alto dell'armadio, insieme ad altri ricordi della mia infanzia. D'istinto le ho tolto un capello perso sull'azzurro dell'abito, come a restituirla alla perfezione di allora.

– Prendete almeno il dolce, – ha tentato.

– Magari la prossima volta, – ha risposto Adriana.

– Un momento, – ha detto Guido. Ha confezionato un pezzo di torta nella carta e ci ha accompagnate al portone.

– Sto sistemando, qui fuori. Venite di nuovo, mangeremo all'aperto.

Ho chiuso il cancello dietro di noi, abbiamo respirato a fondo.

– Sei stata grande, – le ho detto.

– Qualcuno doveva andarci da quella creatura. Non ci hanno pensato che strillava per il dolore?

Ci siamo avviate lungo il marciapiede, costeggiando il giardino. All'angolo ho cambiato idea, era presto per il pullman. L'ho convinta a scendere in spiaggia. Pochi gli ombrelloni aperti, la stagione appena all'inizio. Abbiamo tolto le scarpe e mi ha seguita fino al bagnasciuga, un po' dubbiosa. Eravamo quasi nello stesso punto di quel giorno lontano con Vincenzo. In silenzio ci siamo ricordate di lui.

Adriana mi ha guardato come se fossi impazzita, poi si è spogliata anche lei e ha lasciato i vestiti sulla sabbia tiepida, insieme alla sua paura. Si è affidata alla mia mano e siamo entrate, con la biancheria intima addosso. Un banco di pesci minuscoli a sfiorarci le caviglie. Il tempo di abituarci al freddo. Camminava guardinga, io le nuotavo un po' intorno. L'ho spruzzata e in cambio mi ha spinto la testa sotto.

7 **confezionare:** einpacken. | 26 **il banco:** hier: (Fisch-)Schwarm.

Ci siamo fermate una di fronte all'altra, così sole e vicine, io immersa fino al petto e lei al collo. Mia sorella. Come un fiore improbabile, cresciuto su un piccolo grumo di terra attaccato alla roccia. Da lei ho appreso la resistenza. Ora ci somigliamo meno nei tratti, ma è lo stesso il senso che troviamo in questo essere gettate nel mondo. Nella complicità ci siamo salvate.

Ci guardavamo sopra il tremolio leggero della superficie, i riflessi accecanti del sole. Alle nostre spalle il limite acque sicure. Stringendo un poco le palpebre l'ho presa prigioniera tra le ciglia.

3 **improbạbile** (agg.): unwahrscheinlich, fabulös. | 8 **il tremolịo:** Zittern. | 10 **la pạlpebra:** Augenlid.

Editorische Notiz

Der italienische Text folgt der Ausgabe: Donatella Di Pietrantonio, *L'Arminuta*, Turin 2017.

Das Glossar enthält alle Wörter, die nicht im *Thematischen Grund- und Aufbauwortschatz Italienisch* von Luciana Feinler-Torriani und Gunter H. Klemm (Stuttgart: Klett, 2000) verzeichnet sind. Dabei wird der Grundwortschatz in der Regel als bekannt vorausgesetzt; Wörter, die zum Aufbauwortschatz gehören, werden bei Bedarf erklärt. Ihre Betonung ist durch einen Punkt unter dem betreffenden Vokal angegeben, wenn nicht, wie gewohnt, auf der zweitletzten Silbe betont wird (*ạvido, rivọlgersi*) oder wenn das Wort nicht ohnehin einen geschriebenen Akzent trägt (*l'estremità*), der die Betonung regelt. Ist von zwei Endvokalen einer betont, so wird dies ebenfalls hervorgehoben (*bugịa*). Dagegen erhalten Wörter mit zwei unbetonten Endvokalen in der Regel keine besondere Kennzeichnung (*polpaccio, perpetuo*). Genusangaben bei Substantiven erfolgen nur, wenn Artikel und Endung keine Klarheit schaffen (*l'eruzione* [f.], *l'arenile* [m.]).

Italienische Abkürzungen

accr.	accrescitivo (Vergrößerungsform)
agg.	aggettivo (Adjektiv, Eigenschaftswort)
avv.	avverbio (Adverb, Umstandswort)
dial.	dialetto (dialektal; hier: abruzzesisch)
dim.	diminutivo (Verkleinerungsform)
fam.	familiare (familiär, umgangssprachlich, gesprochene Sprache)
f.	femminile (weiblich)
fig.	figurato (übertragen)
fr.	francese (französisch)
ingl.	inglese (englisch)
inter.	interiezione (Einwurf, der Empfinden zum Ausdruck bringt)

invar.	invariabile (unveränderlich)
lat.	latino (lateinisch)
m.	maschile (männlich)
plur.	plurale (Plural)
poet.	poetico (poetisch, literarisch)
qc	qualcosa (etwas)
qu	qualcuno (jemand)
reg.	regionale (regional)
sing.	singolare (Singular)
spreg.	spregiativo (abwertend)
volg.	volgare (umgangssprachlich, derb)

Bedeuterungsvarianten durch Suffixe

diminuitivo: *-otto, -otta*; *-ello, -ella*; *-etto, -etta*; *-ino, -ina*; *-uccio, -uccia*
accrescitivo: *-one, -ona*
spregiativo: *-accio, -accia*; *-astro, -astra*

Dialekt und Umgangssprache

In diesem Roman kommen sowohl Dialekt (hier: Abruzzesisch) als auch Umgangssprache vor, wobei der Übergang in manchen Fällen fließend ist. Bestimmte Formen (etwa *'sto/a* für *questo/a)* kommen in verschiedenen italienischen Dialekten vor, sind aber auch einfach Teil der gesprochenen Sprache, in der Verkürzungen allgemein sehr verbreitet sind (*leva', senti', aspetta', signori'*).

Literaturhinweise

Romane von Donatella Di Pietrantonio

Mia madre è un fiume. Rom 2011. (Dt.: Meine Mutter ist ein Fluss. Übers. von Maja Pflug. München 2013.)

Bella mia. Rom 2013. (Dt.: Bella mia. Übers. von Maja Pflug. München 2016.)

L'Arminuta. Turin 2017. (Dt.: Arminuta. Übers. von Maja Pflug. München 2018.)

Weiterführende Literatur

Albath, Maike: Das unausprechliche Wort »Mutter«. Donatella Di Pietrantonios Roman »Arminuta«. In: Süddeutsche Zeitung. 19. Februar 2019. https://www.sueddeutsche.de/kultur/donatella-di-pietrantonio-arminuta-rezension-1.4336383

Asquini, Elena: »Con il successo de L'arminuta è diventato più difficile gestire la mia ›doppia vita‹ …«: Donatella Di Pietrantonio si racconta«. In: Il Libraio. 3. Februar 2018. https://www.illibraio.it/donatella-di-pietrantonio-vita-724943/

Camilleri, Andrea: Ora dimmi di te. Lettera a Matilda. Mailand 2018.

Candellero, Margherita: *L'Arminuta* di Donatella Di Pietrantonio. In: Prime Dieci Pagine. 5. April 2017. http://www.primediecipagine.it/2017/04/larminuta-di-donatella-di-pietrantonio/

Chimenton, Federica: L'Arminuta – Donatella Di Pietrantonio. In: excursus.org. rivista di attualità e cultura. 17. Februar 2019. http://www.excursus.org/arminuta-donatella-di-pietrantonio/

Faccini, Francesca: Rezension zu Donatella Di Pietrantonio, *L'Arminuta*. In: Horizonte 3 (2018) S. 249–252.

https://horizonte-zeitschrift.de/de/article/donatella-di-pietrantonio-l%ca%bcarminuta-torino-einaudi-2017-isbn-9788806232108-pp-176-euro-1750/
Lalli, Giuseppe: Donatella Di Pietrantonio scrittrice della vita. In: Abruzzo nel Mondo. Juli/August 2018. S. 4. http://www.abruzzomondo.it/index_files/2018_04.pdf
Lauro, Michele: Donatella Di Pietrantonio, »L'Arminuta« – La recensione. In: Panorama. 12. März 2017. https://www.panorama.it/cultura/libri/donatella-di-pietrantonio-larminuta-la-recensione/
Prorombka, Wiebke: Die Wunde Familie. Doppelter Mutterverlust: Donatella Di Pietrantonios Roman »L'Arminuta«. In: FAZ. 18. September 2018. https://www.buecher.de/shop/italien/arminuta/di-pietrantonio-donatella/products_products/detail/prod_id/52488319/#reviews
Scorranese, Roberta: Ritorno (forzato) a casa. Storie dell'Abruzzo antico. In: Il Corriere della Sera. 11. Februar 2017. https://www.corriere.it/cultura/17_febbraio_11/donatella-di-pietrantonio-l-arminuta-recensione-3f728028-f090-11e6-811e-b69571ccd9d9.shtml
Serra, Elvira: Mia figlia. Donatella Di Pietrantonio, la scrittrice e il papà contadino. In: Il Corriere della Sera. 29. Juni 2018. https://www.corriere.it/cronache/18_luglio_20/donatella-pietrantonio-arminuta-scrittrice-68c252b0-8c5b-11e8-8b01-1b79734b0f48.shtml
Simonetti, Loredana: Perle di Libri: Donatella di Pietrantonio »L'Arminuta«. In: Leggere: Tutti. Mensile del libro e della letteratura. 6. November 2017. http://www.leggeretutti.net/site/perle-di-libri-donatella-di-pietrantonio-larminuta-di-loredana-simonetti/

Nachwort
Von elterlichem Versagen und kindlicher Klugheit – Donatella Di Pietrantonios *L'Arminuta*

Es ist etwas Schwieriges um den Kindersegen. Die einen sehnen ihn vergeblich herbei, die anderen können sich kaum vor ihm retten. Das Sujet ist so alt wie die Menschheit und wurde zu allen Zeiten erzählerisch thematisiert.[1] Während sich etwa die mythologische Niobe einer vierzehnköpfigen Nachkommenschaft rühmen darf, bleibt die biblische Erzmutter Sara lange kinderlos, ja, sie führt ihrem Mann Abraham sogar die eigene Magd Hagar als Partnerin zu, um den Fortbestand des Geschlechts zu sichern. Erst mit neunzig Jahren wird sie schließlich selbst mit Isaak schwanger. Im Neuen Testament muss sich Elisabeth lange in Geduld üben, ehe sie Johannes dem Täufer das Leben schenkt, und im Märchen vom *Dornröschen* sagt sich ein tieftrauriges Königspaar täglich: »Ach, wenn wir doch ein Kind hätten.« Dass der Kummer mit Geburt der Tochter erst so richtig losgehen wird, liegt da freilich noch im Dunkeln.

Letztlich kann beides zum Problem werden, ausbleibende wie im Gegenteil übergroße Nachkommenschaft. Um das zu verstehen, reicht heute ein Blick in die zahlreichen anonymen Internetforen zum Thema Mutterschaft. Ausführlich berichten dort Frauen, nicht selten im Tonfall abgrundtiefer Verzweiflung, was sie zur Erfüllung ihres Kin-

1 Dies erwähnt auch Federica Chimenton in ihrer Rezension von *L'Arminuta* in der Ausgabe der Onlinezeitschrift *excursus.org* vom 19. Februar 2019.

derwunsches auf sich nehmen. Wieder andere klagen, dass sie mit der vierten Schwangerschaft überfordert sind und eine Abtreibung oder Freigabe zur Adoption in Erwägung ziehen.

Auch in Donatella Di Pietrantonios Roman *L'Arminuta* geht es um das Wohl und Wehe von versagter versus überbordender Elternschaft. Die junge Adalgisa – das erfahren wir rückblickend im Laufe der Erzählung – hat sich lange vergeblich ein Kind gewünscht. Verheiratet mit einem Carabiniere und tätig als Religionslehrerin in ihrer Gemeinde, ist sie wohlhabend genug, um einer potentiellen Familie ein sorgenfreies Leben bieten zu können. Allein, die ersehnte Schwangerschaft bleibt aus. Die Lösung besteht in einem Arrangement. Eine entfernte Verwandte des Mannes lebt in armseligen sozialen Verhältnissen. Sie hat bereits mehrere Kinder, ein weiteres ist unterwegs. Und sie weiß nicht weiter: Wie den Säugling ernähren, wie für eine angemessene Ausbildung sorgen? – Warum ihn also nicht der reichen, kinderlosen Adalgisa geben, die sehnsüchtig nach ihm verlangt? Ist damit am Ende nicht allen Beteiligten gedient? Die im Bergdorf lebende Großfamilie kann sich einer Sorge entledigen, das Mädchen dagegen in der Stadt am Meer wohlbehütet aufwachsen, es wird ihm an nichts fehlen. Und so geschieht es.

Dreizehn Jahre später hat der Wind sich gedreht. Zu Beginn des Romans steht die Jugendliche, mit einem Koffer und einem Beutel Schuhe, in einem heruntergekommenen Treppenhaus vor einer unbekannten Tür, hinter der ihr neues bzw. ihr altes, »echtes« Zuhause liegen soll, von dem sie bisher nichts wusste. Die Frau, die sie aufgezogen hat, ist nicht (mehr) ihre Mutter, der Mann, den sie Vater nennt, nicht (mehr) ihr Vater. Ihre sozialen sind nicht ihre leiblichen Eltern. Zu denen sie nun zurückkehren muss.

»Die Zurückgekehrte« – nichts anderes meint »L'Arminuta« in abruzzesischem Dialekt, wobei auf einer tieferen Bedeutungsebene des Wortes der Widerwille gegen ein ungewolltes Verpflanzen in das unbekannte Terrain der Ursprungsfamilie mitschwingt.[2] Für die Protagonistin wird der Begriff zum Spottnamen werden, den ihre neuen Mitschüler in gefühlloser Distanz für sie erfinden. Einen anderen Namen wird sie im Roman nicht bekommen. Oder besser, nicht nennen. Sie, die die Ereignisse aus erwachsener Perspektive berichtet, bleibt in dieser Hinsicht anonym. Die erzwungene Rückkehr zu den eigenen Wurzeln bezeichnet für die junge Frau das Ende jeglicher Gewissheit, zugleich stellt sie eine Herausforderung dar, den Beginn von etwas Neuem, völlig anderem. Die vielköpfige, von ihrem Umfang her nie ganz exakt umrissene Familie, in die sie sich integrieren muss, lebt in einer kalten, vom brutalen Überlebenskampf geprägten Welt. Allabendliches Gerangel um den eigenen Anteil an den kargen Mahlzeiten ist ebenso an der Tagesordnung wie Arbeitslosigkeit, Gelegenheitsjobs, Gewalt und Bildungsferne.

Was auf den ersten Blick wirkt wie eine höchst romanhafte Konstruktion, war in ländlichen Gegenden Italiens bis zum Ende der 70er Jahre des 20. Jahrhunderts (die

2 Vgl. Loredana Simonetti, »Perle di Libri: Donatella di Pietrantonio ›L'Arminuta‹«, in: *Leggere: Tutti. Mensile del libro e della letteratura*, 6. November 2017. Simonetti schreibt hier: »L'origine abruzzese di questo termine è più profondo, più oscuro, è un rientro controvoglia nella famiglia d'origine, una radice espiantata e che forzatamente viene rimessa in una terra che non è la sua.«

Handlung verortet sich im Jahr 1975) eine durchaus häufig praktizierte soziale Realität. Allerdings nicht unbedingt in der hier beschriebenen, wohl tatsächlich der Erzählökonomie geschuldeten, kompromisslosen Härte.[3] Meist war das betroffene Kind sehr wohl über seine Situation, von der es letztlich profitierte, informiert, manchmal wuchs es, wie etwa im Roman *Accabadora* der sardischen Schriftstellerin Michela Murgia geschildert, gewissermaßen in beiden Familien auf. Als ebenso ungewöhnlich kann im realen Kontext der Akt einer plötzlichen, rätselhaften Rückgabe des angenommenen Kindes angesehen werden.

L'Arminuta (2017; dt. *Arminuta*, 2018) ist nach *Mia madre è un fiume* (2011; dt. *Meine Mutter ist ein Fluss*, 2013) und *Bella mia* (2013; dt. unter demselben Titel, 2016) der dritte Roman der 1962 in Arsita (Teramo, Abruzzen) geborenen Autorin Donatella Di Pietrantonio. Von Beruf Kinderzahnärztin, wandte sie sich relativ spät dem Schreiben zu, dies aber rasch mit durchschlagendem Erfolg. Bereits ihr Debütroman über das schwierige Verhältnis einer Tochter zu ihrer dementen Mutter vor dem Hintergrund des entbehrungsreichen Landlebens in den Abruzzen wurde mit dem Premio Letterario Tropea ausgezeichnet. Ihr zweites, vom katastrophalen Erdbeben in L'Aquila im Jahr 2009 handelndes Buch war für den Premio Strega nominiert und hat den Premio Brancati gewonnen. *L'Arminuta* schließlich erhielt den Premio Campiello sowie den Premio Napoli; im Jahr

3 Vgl. dazu Maike Albath, »Das unausprechliche Wort ›Mutter‹. Donatella Di Pietrantonios Roman ›Arminuta‹«, in: *Süddeutsche Zeitung*, 19. Februar 2019. Ähnlich äußert sich auch Federica Chimenton (s. Anm. 1).

2019 ging im Teatro Stabile d'Abruzzo sogar die Uraufführung einer Theateradaption über die Bühne.

Besonders die Auszeichnung mit dem in Italien sehr renommierten Premio Campiello bzw. der damit verbundene Bekanntheitsgrad veränderte das Leben der Autorin und ihrer Familie radikal. Wie er in einem gemeinsamen Interview erzählt, erfuhr der als Landwirt tätige Vater Sabatino von diesem literarischen Ritterschlag auf dem Traktor beim Pflügen. Er zeigt sich überrascht, dass ihm die Leute auf der Straße plötzlich zu seiner berühmten Tochter gratulierten und die Tierärztinnen im Schlachthof höchsten Wert darauf legten, seine Hand zu schütteln. Das Schreibtalent, da ist er sich sehr sicher, hat Donatella von ihrer Mutter geerbt. Die wurde in jungen Jahren nämlich »la letterata« gerufen, weil sie als Einzige im Umfeld die Mittelschule abgeschlossen hatte und somit den Nachbarn bei Kerzenschein aus Büchern vorzulesen vermochte.[4]

In diesen einfachen ländlichen Verhältnissen aufgewachsen, ging Di Pietrantonio 1986 zum Studium nach L'Aquila; beruflich etablierte sie sich anschließend in Penne (Provinz Pescara), wo sie noch heute lebt. Wie sie sagt, gestaltet sich der Spagat zwischen dem Brotberuf und der Passion des Schreibens jedoch zunehmend schwieriger. Als Autorin ist sie viel auf Reisen, stellt ihren Erfolgsroman unter anderem in Schulen vor, um mit jungen Menschen in Kontakt zu treten und ihnen ein Gefühl für die Wichtigkeit des Lesens zu vermitteln. Die Rolle der Gegenwartsliteratur sei diesbezüglich nicht zu unterschätzen, denn bei

4 Vgl. Elvira Serra, »Mia figlia. Donatella Di Pietrantonio, la scrittrice e il papà contadino«, in: *Il Corriere della Sera*, 29. Juni 2018.

allem gerechtfertigten Respekt gegenüber den großen Klassikern wirken ihrer Meinung nach auf Schüler zuvorderst Bücher motivierend, die sich näher an deren eigene Lebensrealität angliedern lassen.[5] Di Pietrantonios Erfahrungen mit solchen Lesungen jedenfalls sind positiv. Ihr selbst stand die Literatur stets nahe. Eigentlich hätte sie lieber Journalistik studiert, entschied sich aber aus Vernunftgründen und Pflichtgefühl gegenüber den Eltern, die viel für sie geopfert hatten, für den sichereren Beruf der Zahnärztin.[6] Inzwischen verfasst sie neben Büchern auch Zeitungsartikel und ist somit auf dem besten Weg, ihren ursprünglichen Traum zu verwirklichen und sich ganz dem Schreiben zu widmen.

Die Sprache von *L'Arminuta* ist einfach, direkt, konfrontierend, zugleich von poetischer Eindringlichkeit und Tiefe.[7] Einige nahtlos in den Text integrierte dialektale Einsprengsel (z. B. *coccia* [S. 15], *sturdullita* [S. 40], *cònsolo* [S. 118], *sòrete* [S. 175]) und Phrasen legen als Ort der Handlung ein nicht näher bezeichnetes Bergdorf in den Abruzzen sowie eine etwa 50 km davon entfernte Stadt am Meer nahe. Den moderaten lokalen Bezug lässt darüber hinaus

5 Elena Asquini, »›Con il successo de L'arminuta è diventato più difficile gestire la mia ‚doppia vita' …‹: Donatella Di Pietrantonio si racconta«, in: *Il Libraio*, 3. Februar 2018.

6 Vgl. Serra (s. Anm. 4).

7 Sehr kompakt fasst es Giuseppe Lalli: »La prosa è quasi sempre asciutta, scarna, ma anche luminosa e penetrante, come lo sguardo della protagonista quando si posa sulle persone e sulle cose.« (»Donatella Di Pietrantonio scrittrice della vita«, in: *Abruzzo nel mondo*, Juli/August 2018, S. 4.) Loredana Simonetti wiederum vergleicht Di Pietrantonios Stil mit dem von Elsa Morante.

die Erwähnung typischer Gerichte, Gegenstände wie der »coperta abruzzese« (eines handgewebten Bettüberwurfs) oder der Tradition des »regalare il sonno«[8] erahnen. Der Roman changiert somit zwischen der räumlichen Losgelöstheit einer Beispielerzählung und dem Interesse an einer regionalen Verortung, wie sie in der italienischen Literatur der letzten Jahrzehnte verstärkt zu beobachten ist. Ferrantes Neapel, Murgias Sardinien, Camilleris Sizilien – sie alle sind zu festen narrativen Größen geworden. Für Andrea Camilleri, der schon relativ jung von der Insel nach Rom gezogen ist, war der Dialekt seines Heimatstädtchens Porto Empedocle so wichtig, dass er ihn auf seine persönliche Weise adaptierte und zu einer Literatursprache entwickelte, von der besonders die Romane über seine berühmteste Figur Commissario Salvo Montalbano ihre ganz eigene Atmosphäre beziehen. Camilleris Landsleute wussten dies sehr zu schätzen. Noch auf dem Sterbebett riefen sie dem Dichter ein aufmunterndes »Avanti maistru … fozza susemini!« (»Auf Meister … los, stehen wir wieder auf!«) zu. In Italien haben Dialekte teilweise den Status eigener Sprachen, das Neapolitanische wurde 2008 sogar per Gesetzesdekret durch die Region Kampanien offiziell als solche anerkannt. Konsequenterweise entstehen so eigene Identitäten, die auch literarisch ihren Ausdruck finden.

Ähnlich wie Ferrante in ihrer neapolitanischen Tetralogie verwendet Di Pietrantonio den Dialekt eher sparsam, dem von Luigi Pirandello beschriebenen und von Andrea

8 Vgl. dazu Roberta Scorranese, »Ritorno (forzato) a casa. Storie dell'Abbruzzo antico«, in: *Il Corriere della Sera*, 11. Februar 2017. Gemäß dieser Tradition machen Verwandte und Freunde einem Neugeborenen beim ersten Besuch ein kleines Geldgeschenk.

Camilleri verfolgten Prinzip, dass die Hochsprache den Begriff einer Sache, der Dialekt aber das Gefühl, die Seele sozusagen, vermittelt,[9] mag sie dabei dennoch folgen. Denn häufig sind es emotional aufgeladene Momente (Wut, Trauer), in welche die Autorin das Abruzzesische einfließen lässt. Im Roman steht es außerdem für das in Gestalt einer greisen Heilerin auftretende Moment des Archaischen. Als Taufpatin der leiblichen Mutter versucht sie, diese mit einfachen Worten hinsichtlich des Verlusts ihres ältesten Sohnes zu trösten und darüber hinaus ihr Herz für die wiedergewonnene Tochter zu öffnen. In der beeindruckenden Figur, welche die Macht und den Kreislauf der Natur verkörpert, blitzen Elemente des magischen Realismus auf: Die uralte Eiche, unter der die Schamanin, auf einer Art Holzthron sitzend, in Einklang mit den Gesetzen des Lebens ihre heilerische Tätigkeit ausübt, geht durch den letzten Atemzug der 109-Jährigen in Flammen auf.

In der Perspektive auf die Mutter-Tochter-Thematik positioniert sich Di Pietrantonio nahe bei Elena Ferrantes Neapel-Tetralogie, die weit mehr ist als die Geschichte einer langjährigen komplizierten Frauenfreundschaft. Ein Wesenszug der Romane besteht im Abarbeiten der beiden Protagonistinnen an Muttergestalten, die ihnen wenig Raum zur Entwicklung lassen, zur negativen Projektionsfläche werden und etwas symbolisieren, dem es den Rücken zu kehren gilt.

Die Mutterfiguren in *L'Arminuta* können auf sehr unterschiedliche, durchaus widersprüchliche Weise als starke

9 Vgl. Andrea Camilleri, *Ora dimmi di te. Lettera a Matilda*, Mailand 2018, S. 67.

Frauen verstanden werden. Beide agieren auf ihre je eigene Art mit der »Härte einer Medea«[10]: die eine gibt ihr Kind als Säugling ab, die andere zieht es auf, um es dann aufgrund eigener Lebensprobleme wegzuschicken. Ein fragwürdiges Verständnis von »Familie«. Wie verstörend es ist, zeigt sich nicht zuletzt an der zunächst unbefangenen, dann ins Inzestuöse abdriftenden Begegnung zwischen der Protagonistin und ihrem ältesten Bruder Vincenzo, der in ihr von Anfang an keine Schwester, sondern eine ihn sexuell erregende Angehörige des anderen Geschlechts sieht. Beim gemeinsamen Baden im Meer, später im Schlafzimmer, das sich alle Kinder der Familie teilen müssen, kommt es zu eindeutigen Szenen. In letzterem Fall verhindert allein die schlaftrunken zu ihrer Schwester ins Bett wankende Adriana das Äußerste. Zumindest die Protagonistin ist sich dabei der Falschheit ihres Handelns bewusst (»Aveva dimenticato chi eravamo«, S. 64), sie fühlt jedoch auch, dass sie aufgrund mangelnder geschwisterlicher Erfahrung mit dem Bruder, den sie in seiner Männlichkeit ebenfalls anziehend findet, nicht für sich garantieren könnte: »Quando ha spinto le dita sul pube, gli ho stretto il polso con la mano. Si è bloccato, ma sembrava per poco, e nemmeno io sapevo quanto sarebbe durata la mia resistenza. Non eravamo abituati a essere fratelli e non ci credevamo fino in fondo.« (S. 103) So wirkt der abrupt ins Geschehen einbrechende, tragische Unfalltod Vincenzos auf der Ebene einer quasi archaischen Gerechtigkeit fast wie eine Wiederherstellung der natürlichen Ordnung.

In manchen Zügen erinnert der Roman an das Setting

10 Vgl. Albath (s. Anm. 3).

antiker Tragödien: Nur wer weiß, woher er stammt, kann sich ganz kennenlernen und seinen Lebensweg beschreiten, ohne schuldig zu werden – das etwa ist das Dilemma von Sophokles' Ödipus. Die Frage nach dem Warum, nach dem eigenen Zutun zu ihrer Lage beschäftigt die Protagonistin so sehr, dass sie Albträume quälen und der Wunsch zu verstehen alles andere übersteigt (»Ma quale poteva essere la mia colpa?« [S. 119]). Warum wurde sie zweimal weggegeben? Wollten sie die leiblichen Eltern tatsächlich plötzlich wiederhaben? Ist die Frau, die sie angenommen hat, so schwer krank, dass sie sich nicht mehr um sie kümmern kann, muss sie gar sterben? Wird sie selbst wieder in ihr altes Leben, an das sie sich mit aller gedanklichen Kraft klammert, zurückkehren können? Und wenn ja, wann?

Am Ende werden sich diese Fragen lösen; in einem mitunter sehr schmerzhaften Prozess muss die »Zurückgekehrte« erkennen, dass ihr Leid sich in Hilflosigkeit auf der einen und egoistischen Sehnsüchten auf der anderen Seite gründet. Und dass gegen elterliches Versagen allein eigene Stärke nutzt.

»L'Arminuta« hätte verzweifeln können: am ungerechten Wandel ihrer vorher so angenehmen Lebensumstände, an den gnadenlosen Spielregeln des ihr aufgezwungenen Daseins, ihrer Außenseiterrolle in beiden Welten, der alten, der sie nicht mehr angehört, wie der neuen, in der sie eine Fremde bleibt. Sie aber zeigt sich zäh, unnachgiebig und resistent, Eigenschaften, von denen man fast meinen könnte, sie seien ihr als Teil jenes Erbgutes eingeschrieben, mit dem sie ja dem rauen Umfeld des Überlebenskampfes verbunden ist. Außerdem entwickelt sie, auch hier den Protagonistinnen von Ferrantes *Amica geniale* nicht unähnlich, ein überdimensional ausgeprägtes Bewusstsein für den Wert von Bildung.

Bei all dem hat sie von Anfang an eine Verbündete: ihre jüngere Schwester Adriana, rotzig-widerborstig, vorlaut, wissensdurstig, tapfer, stark nach außen, nach innen zerbrechlich, was sich nicht zuletzt darin äußert, dass sie im Alter von zehn Jahren noch Bettnässerin ist. Zwischen den beiden entwickeln sich sofort eine enge Bindung und geschwisterliche Solidarität. Gemeinsam gehen sie die harte Realität an, ringen um Verbesserungen ihrer Lage, suchen nach Anknüpfungspunkten zur Vergangenheit. Adriana demonstriert, was es bedeutet, trotz schlechtester Voraussetzungen für sich einzustehen, sie lebt die pragmatische wie bedingungslose Liebe zum jüngsten, retardierten Bruder Giuseppe vor, und sie wird es sein, von der die Schwester im Zuge eines Streits die den anderen Beteiligten längst bekannte Wahrheit über die Beschwerden ihrer Ziehmutter und damit über ihr eigenes Dilemma erfährt: »Ancora credi alle favole, tu. Quella era incinta, perciò vomitava.« (S. 179)

Sicher nicht zufällig ist Adriana die erste Figur, die der Protagonistin im Roman begegnet, und die letzte, mit der sie ihre Geschichte poetisch beschließt: »Stringendo un poco le palpebre l'ho presa prigioniera tra le ciglia.« (S. 215) Dieses »Gefangennehmen zwischen den Wimpern« geht über einen bloßen Blick hinaus, es ist ein Scharfstellen, ein Fokussieren. Die jüngere Schwester fungiert in so vielen Aspekten als Dreh- und Angelpunkt des Geschehens, dass man in ihr fast so etwas wie die heimliche Hauptfigur sehen könnte. Dazu passt, dass zahlreiche Leser den Wunsch geäußert haben zu erfahren, wie es mit ihr weitergeht, und dazu passt ebenso, dass die Autorin in einem Interview erklärt hat, sie sei zum ersten Mal versucht, eine Fortsetzung zu schreiben, weil einige Figuren des Buches noch immer zu ihr sprechen.[11]

Nach der Erfahrung des Verlassenwerdens ist das Wort »Mutter« für »L'Arminuta« ein schwieriges, ja unaussprechliches geworden: »Non l'ho mai chiamata. Da quando le sono stata restituita, la parola mamma si è annidata nela mia gola come un rospo che non è più saltato fuori.« (S. 23) Das Gefühl dafür, was für ein »Ort«, im übertragenen wie ganz praktischen Sinne, eine Mutter sein könnte, wird ihr sogar dauerhaft verlorengehen: »Nel tempo ho perso anche quell'idea confusa di normalità e oggi davvero ignoro che luogo sia una madre.« (S. 135) »Schwester« zu sein fällt ihr dagegen weniger schwer, in diese Rolle vermag sie sich (abgesehen von Vincenzo) instinktiv einzufinden, nicht nur gegenüber Adriana, sondern ebenso gegenüber dem kleinen Bruder Giuseppe, den sie aufmerksam auf seinem weiteren Weg begleiten wird.

Das Leben, scheint der Roman sagen zu wollen, kann unerbittlich sein, erbarmungslos fügt es uns Wunden zu, und die schlimmsten mögen gerade von denen rühren, die wir am meisten lieben. Aber das Leben schenkt auch Hoffnung, Vertrauen, Freundschaft, wo man sie nicht unbedingt erwartet, ist also auf seine ganz eigentümliche Weise gerecht. Solange man es zu nehmen weiß.

Astrida Wallat

11 Vgl. Asquini (s. Anm. 5).

Inhalt